パスタでたどるイタリア史

推動義大利千年歷史
的義大利麵

吃出來的義大利史

歐洲中世紀研究專家 東大教授　池上俊一◎著
交通大學 社會與文化研究所 副教授 邱德亮◎審訂
邱顯惠◎譯

前言

義大利麵在日本的發展

廣受歡迎的菜色——義大利麵

大家喜歡吃義大利麵嗎？義大利麵已經完全成為世界各國餐桌上的基本料理。如同後文將提到的，在義大利麵的人均消費量方面，義大利超越世界各國，而在各個國家的總消費量上，美國則因人口眾多而位居世界第一。不過，這二十五年來，日本的義大利麵消費量也急劇增加。有一個統計結果顯示，高達四成以上的日本人，每週有一到三天會吃義大利麵（由株式會社Media Marketing Network進行的「主食種類食用頻率」網路調查——二〇〇九年九月～十月實施，調查對象為一百六十名的三十歲～四十九歲女性）。

義大利麵在日本，可說已然成為一種日常食物。即使還比不過咖哩或拉麵，但在任何一間咖啡店的午餐菜單中都有義大利麵，而且還有許多義大利麵專門店。

本書將會探索長達兩千年的義大利歷史，同時看看大家熟悉的義大利麵，在其故鄉義大利是如何誕生和發展的。在此之前，先向大家介紹義大利麵在日本的歷史吧。

義大利麵在日本的開端

意外的是，義大利麵在日本發展的歷史並不是很長。日本最初食用義大利麵的地方，據說是在幕末*1時期，橫濱的外國人居留地。當然，義大利麵在當時，是屬於外國人的食物。

到了明治時代*2，一些書籍開始以「通心粉」（macaroni）一詞來介紹義大利麵，日本一些義大利麵愛好者開始食用進口義大利麵。或許因為義大利麵是經由北歐或美國介紹到日本的，所以日本人一開始是將義大利麵作為湯品配料，換言之，據說當時是當作湯麵享用。

日本實際上開始生產義大利麵，最初是在西元一八八三年左右，法國傳教士馬可・馬利・多羅（Marc Marie de Rotz）神父在日本長崎縣長崎市外海町建造了磚造平房的通心粉工廠，開始製造通心粉。最早製造義大利麵（在此指「通心粉」）的日本人，據說是在日本新潟縣經營製麵業的一對父子。一九〇七年～一九一一年左右，他們接受外國大使館的委託，研發通心粉的生產設備。之後，日本全國各地開始慢慢出現通心粉製造業者。

後來，在一九二〇年～一九三〇年左右，株式會社明治屋開始進口義大利麵，一般認為這是日本官方首次進口義大利麵。不過，此時的義大利麵當然不是每個人都能品嘗到的食物。即使到了昭和*3初期，義大利麵也是僅限少數身分地位重要的人，在飯店或高級餐廳才能夠享用的食物。

*註1：一六〇三年～一八六七年，德川幕府統治時代末期。
*註2：日本明治天皇在位時期，一八六八年～一九一二年。
*註3：日本昭和天皇在位時所使用的年號，一九二六年～一九八九年。

戰後的美式長條麵

渡過第二次世界大戰和戰後混亂期，義大利麵在日本愈顯常見。第二次世界大戰之後，日本廚師看到駐日美軍在吃披薩和長條麵（spaghetti），便開始模仿、製作美式肉醬長條麵和拿坡里義大利麵。

二戰後不久，日本國內白米不足的問題非常嚴重，所以駐日美軍持續供給大量麵粉，推薦大家以麵包作為主食。於是日本人在此時養成習慣，開始食用以麵粉製作、宛如麵疙瘩般的食物，義大利麵也順利在日本普及。或許這當中隱藏著美國開拓市場的強大戰略——「讓日本人的味覺適應麵粉做出來的食物」，但最後的結果則是提升了日本人的飲食生活。

於是，一九五五年，富士製糖株式會社和日本精糖株式會社共同出資，設立了日本通心粉株式會社，即「Ma・Ma Macaroni株式會社」的前身。同一年，日本製粉株式會社也設立了「Oh'My Brand」這個品牌，開始生產義大利麵。一般認為，兩家公司都引進了當時最先進的義大利原產義大利麵製造機，開始生產正宗義大利麵。因此，一九五五年也被稱為「日本的義大利麵元年」。

作為配菜的長條麵和通心粉

然而，義大利麵並沒有立刻登上一般日本人的餐桌。說起來，直到近年以前，日本民眾甚至連「義大利麵」（pasta）一詞都很少用到，大家只知道「長條麵」和「通心粉」。不只如此，在餐飲領域中，義大利料理仍在追隨仿效法國料理，而義大利料理中的「長條麵」和「通心粉」，則是以西餐的部分或配菜這種特殊形式普及。

無論是餐廳端出來的餐點，還是學校供餐的菜色，或是母親做的家庭料理，義大利麵一開始都是以配菜或沙拉形式出現在日本人的餐桌上。而且作為配菜的義大利麵類型，是曾經在美國流行過的，加了番茄醬的長條麵，或是焗烤通心粉。

如同本書第6章會詳細說明的，在美國，義大利麵原是作為肉類的配菜來食用，如今「起司通心粉」，以及在燙熟的短麵（short pasta）和生菜淋上沙拉醬的「義大利麵沙拉」都大受歡迎，超市的熟食區、餐廳也經常推出這些菜色。

後來，日本人開始將義大利麵當作主食，但口味依然有限。除了少數高級餐廳，在一般咖啡店的主食菜單上，義大利麵（長條麵）大多都只是加入番茄醬攪拌的拿坡里義大利麵和肉醬義大利麵，偶爾會出現培根蛋麵（carbonara），僅此而已。

家庭餐廳和長條麵專門店的普及

義大利麵普及到日本一般民眾之間的重大因素，是從元一九七〇年代開始，許多外食連鎖店以「家庭餐廳」的形式廣受歡迎。這是因為能攜家帶眷輕鬆用餐的家庭餐廳陸續開張，而在餐廳的人氣菜單中，幾乎一定會出現拿坡里義大利麵和肉醬長條麵。同時，這些餐點在咖啡店、學校營養午餐或學生餐廳，以及員工餐廳等處也都廣受喜愛。

另一個值得關注的點，就是在這段時期出現了長條麵專賣店，義大利麵的種類和口味開始多元化，不再僅僅是拿坡里義大利麵、肉醬義大利麵和培根蛋麵，大量新口味醬汁開始使用，此外還研發了加入鱈魚子、紫蘇梅子、鮭魚卵、納豆、海苔絲之類的「和風」長條麵，也出現了與義大利本土稍微不一樣的「湯麵」類長條麵等新「種類」（而且不久後還研發出義大利冷麵）。

從一九七〇～一九八〇年代開始，一些連鎖店家較勁研發新菜色，以吸引年輕族群，也有一些義大利麵店想要使用在這之前仍算少見的生麵，推出正宗義大利口味的義大利麵。「義大利風格」作為時髦年輕人的流行要素，逐漸在日本扎根。而主婦層消費者也跟年輕人一樣，視「時髦且氣氛輕鬆的長條麵專賣店」為適合午餐的好去處。

成為日本國民食物

從一九八〇年代末期開始，在義大利學習的日本廚師或是義大利廚師，陸續以東京為中心開設義大利餐廳，這些餐廳能讓大眾吃到包含義大利麵在內的正宗義大利料理而廣受歡迎。在這之後，日本年輕人也持續前往義大利學習，我在義大利各地享用當地傳統義大利麵時，也會在離開餐廳前看一下廚房的狀況，經常發現製作義大利麵的就是日本人。

一九九〇年代，「義大利料理」風潮狂襲日本，義大利美食迎來全盛時期，取代之前的法式料理，逐漸成為時髦的歐洲料理代表。在一九八〇年代之前開幕的店家，於激烈競爭中慘敗而慢慢消失，在這種情況下，雖然有新店家陸續開張，但在景氣衰退的浪潮襲擊下，低價簡便的餐廳出現又消失，是店家盛衰激烈的時期。和其他各國美食比起來，只有義大利料理的市場占有率持續成長，這過程雖然困難，但義大利料理也因此穩定占有市場，在日本生根發芽。

此外，日本餐飲業逐漸形成「高級義大利餐廳」和「平價義大利麵店」這種二分天下的局勢。而且義大利麵產品的進口量激增，開始自由進口的那一年（一九七一年）是三百九十公噸，到了一九九八年則是八萬一千一百公噸，增加了二〇八倍。而且現在日本每一家超市，都販售有各式各樣的乾燥麵和橄欖油。

日本的麵文化和義大利麵

雖然這個世界很大，但像「義大利麵」這樣在義大利以外的國家成為新「國民食物」這種現象，幾乎只有日本才會發生吧。我認為背後的原因，就是日本擁有引以為傲的悠久傳統麵文化。

或許從鎌倉時代*1自中國引進麵類之後，日本的麵食愛好者就立刻大量增加。不久之後，就研發了延展麵條的獨特器具，擴大麵條的生產量。

首先傳入日本的是「素麵」，在一二〇〇年代初期傳入京都，從室町時代*2到戰國時期*[3]，在京都市內的常設市場當場演示販賣。素麵的製作方法是在江戶中期確定下來的。此外，在鎌倉時代，烏龍麵的前身「切麵」也從中國傳入日本。切麵和素麵的作法有點不同。素麵是手揉麵團，將其慢慢搓揉延展成像紙捻一樣的細條，過程很困難，但切麵則是以擀麵棍將麵團攤平推開，如折疊屏風一樣反覆對折，再以菜刀切割，作法比較簡單。不久之後，就從這個切麵衍生出烏龍麵和棊子麵*[4]，在室町時代流傳於京都的寺院、朝廷。江戶中期以後，也推廣到平民百姓之間，作為米飯以外的主食、零食，立刻扎根下來。

此外，和烏龍麵一樣，蕎麥麵也是日本人不可或缺的日常食物。一般認為，朝鮮僧侶天珍在東大寺教授作法，就是蕎麥麵最初的起源，但似乎也有不同主張。總之，蕎麥麵在江戶時代普及至整個日本。據說江戶的餐館中，有六成以上的麵店，同時販賣烏龍

*註1：日本以鎌倉作為全國政治中心的武家政權時期，一一九二年～一三三三年。
*註2：指足立尊氏在京都室町建立幕府政權的時期，一三三六年～一五七三年。
*註3：指日本群雄割據的動亂時代，從一四六七年的應仁之亂開始，到德川家康統一天下的一六一五年為止。
*註4：日本愛知縣名古屋的特產，一種扁平的麵條。

麵和蕎麥麵。

實施明治維新後，即使飲食生活有部分西歐化，但似乎完全沒有動搖麵類的地位。而且進入昭和時代之後，雖然拉麵和炒麵也是起源於中國，卻在日本出現獨特的進化與發展，徹底成為國民食物，更不用說日本全國各地的名產拉麵彼此較量美味程度的情況。

看到烏龍麵、蕎麥麵、拉麵和炒麵等例子就能知道，日本人向來愛吃麵食的習性，以及將外來食物巧妙納入日本食物體系，使其適合日本人的能力，使義大利麵提升到日本「國民食物」的地位。此外，不論是牛丼還是咖哩，價格便宜、簡便還能美味入口的外食文化競爭激烈，這肯定也在這個遠東國家幫助義大利麵完成進化。

義大利麵的故鄉——義大利

相信各位透過以上的簡單概況便能瞭解，義大利麵在日本的登場、被接受和發展，與歷史、社會動向之間的關係密不可分。那麼，在義大利麵的故鄉——義大利，又是怎樣的情況？毋庸置疑，義大利麵的發展，與其將近兩千年的宏大歷史有關，這一點是日本無法匹敵的。

為了讓大家更容易理解，本書將以下述結構進行闡述。

首先，在第1章會著眼於義大利麵的食材。最主要的就是小麥，但其他穀物也是義大利麵的食材。從羅馬時代到中世紀末期，小麥是如何變身成為義大利麵？讓我們探索追溯義大利的歷史，同時慢慢確認這個問題。在此最重要的一點就是小麥與「水」的雙重結合。

在第2章，會聚焦於製作義大利麵醬汁所使用的主要蔬菜上。其中大多是大航海時代引入歐洲的產物，但從引入到被人們接受也大費一番周章，本書會透過文藝復興時期到近代初期的義大利及歐洲史去思考這些情況。其中會特別強調南義大城「拿坡里」在此時期所扮演的角色。

在第3章，要來推敲義大利麵到底是由「誰」創造出來的。當然，這不是某個人突然想出來的，而是來自許多人對生活的需要與美食的追求，才逐漸製造出來的食物。在這個章節，將探究作為歷史主體的「民眾」和「菁英分子」的各自角色。民眾雖受嚴酷的勞動和貧困所苦，但即使只有些許食材也想要做出美味食物，在少量素材上費盡心思；菁英分子則將義大利麵視為點綴宮廷生活的美食，在依序出餐的套餐料理中加入義大利麵，創作出連外觀也賞心悅目的義大利麵料理。在此是以中世紀到文藝復興、巴洛克時代為主要研究對象。

義大利麵和地方的風土民俗密切相連，因此每個地方都會誕生獨特的義大利麵、地區特產義大利麵，在第4章將為大家解說這種情況。而且義大利麵的多樣化也令人吃驚。然而，自相矛盾的是，這種地方料理愈來愈顯眼的情況是在「義大利料理」這種共同平台形成之後。而「義大利料理」能夠成形，就是在「義大利」這個統一國家成立之後。因此，本章會以專欄形式介紹義大利二十個大區的特產義大利麵，同時論述義大利國家統一的歷史，以及透過料理協助國家統一的人物——培雷古利諾・阿圖西（Pellegrino Artusi）。

在第5章，焦點將放在女性身上。義大利麵從誕生初期，就與女性形象，更確切地說是與母親形象緊緊聯繫在一起。實際上不只是形象，從中世紀以來就有一種慣例——揉製義大利麵麵團是女性的工作。而且直到現代，義大利麵仍然是「媽媽的味道」的典型代表。這種情況絕對不會出現在烤肉或麵包等食物上，為什麼只有義大利麵會和女性（母性）有所連結？這與塑造了義大利民族的歷史有關。我將從下述這兩個觀點來思考：義大利女性的民族性格及其歷史，以及意圖利用這種民族性格的勢力（資產階級、國家、教會……）。

在義大利如此廣受喜愛的義大利麵，也曾出現過反對者，在第6章將為大家介紹這些有趣故事。這些反對者宣稱：「牢牢扎根於傳統的義大利麵，會妨礙義大利近代化、文明化」，所以努力推動民眾拒吃義大利麵。戰爭、移民、對國外的憧憬，以及來自國外的高壓這種近代國際政治勢力關係，都在這個反對過程中發揮作用。這個章節以「未來主義」這種文化運動和前往美國的義大利移民為主題。

最後將回顧本書的整體論點，同時展望義大利麵未來應有的發展面貌。

那麼，就讓我們出發前往歷史之旅，去探索義大利麵的起源和轉變軌跡吧。義大利麵這種看似普通的食物，其實是宏大、複雜的歷史遺產，身為作者，我希望能透過本書向大家傳達這個觀點。如果能讓大家同時瞭解以義大利為中心的歐洲歷史概要，我會非常開心。

目錄

第 1 章

在麵與水相遇之前

初期通心粉的形狀之一

義大利麵大國——義大利

根據西元二〇〇五年的統計，在義大利，有一萬人在一百八十七間義大利麵製麵廠工作，一年生產三百一十九萬公噸的義大利麵，生產量是世界第一（約有一半是出口到國外）。當中大部分是專門製作乾燥麵的製麵廠。美國是第二名，生產量為二百萬公噸，第三名是巴西，生產量為一百萬公噸，從這個數據可以得知，義大利的生產量是壓倒性的多。

此外，在消費量方面，義大利人每人每年平均消費三十公斤（這數字當然也是世界第一，第二名的委內瑞拉還遠落於後，僅有其一半左右），不過，這只是作為商品販售的乾燥麵數值。義大利麵當中還有屬於「生麵」類型的麵，消費量占了義大利麵總消費量的四分之一。而且和日本不同，在義大利，除了餐廳會販賣麵粉，很多家庭也會自己揉製麵團製作義大利麵，所以研究義大利人的義大利麵消費情況時，必須把這些無法明確顯示在統計中的要素納入考慮。

義大利麵是象徵義大利這個國家、義大利國民的食物。這種密切連結的關係是如何形成的？比起米飯和麵包等食物，義大利麵製作起來更費工夫，需要很多程序，相對地也代表其充滿文化底蘊。換句話說，義大利麵是一個融入悠久歷史的食物。

義大利麵的種類和定義

想弄清楚義大利麵蘊含的歷史，要先瞭解義大利麵的種類。可以從四個觀點來分類。首先從原料來看，除了最主要的小麥，還有蕎麥、玉米、馬鈴薯、栗子以及其他雜糧。在主要以馬鈴薯為原料製造的義大利麵當中，特別有名的是「麵疙瘩」（gnocchi，圖1-1）。第二個是根據是否乾燥或含有濕氣來分類的「乾燥麵」和「生麵」，其實這兩種麵各自使用了不同種類的小麥。前者使用硬質小麥（杜蘭粗粒麵粉），而且製作麵團時不添加雞蛋，這和後者作法有所差異。生麵、麵包或日本的烏龍麵一樣，都是使用軟質小麥（普通小麥）。第三個是

圖1-1　馬鈴薯製的麵疙瘩（gnocchi）

形狀方面，大致分為三類。換句話說，就是「長麵」（long pasta）、「短麵」（short pasta），以及像餃子一樣，在義大利麵皮中夾入餡料再包起來的「義大利餃」。

最後是根據烹調方法來分類，大致上也分為三類，請大家先記住這一點。一般的義大利麵，在義大利被稱為「pasta asciutta」（義大利乾麵）。這是將義大利麵水煮後瀝乾水分，再和事先準備的醬汁拌勻的烹調方法。除此之外，還有一般所說的義大利湯麵（在義大利稱為「pasta in brodo」），這是先將義大利麵煮熟，再將義大利麵放入肉類或蔬菜熬煮的高湯一起食用。另外，「焗烤義大利麵」（pasta al forno）則是先將水煮過的義大利麵瀝乾水分，冷卻後以醬汁調味，再放入烤爐烘烤，千層麵（lasagna）等麵食就是典型範例。

如前所述，義大利麵有各式各樣的種類，但本書將以非常簡單的說明來定義義大利麵：「以水將穀物所製的麵粉揉勻塑形，再將其蒸煮，吃起來很有彈性和黏性的食物。」這樣定義的食物是誕生於何時何地？在這個章節想要和大家一起好好觀察，我們今日所知的義大利麵在誕生之前的歷史。

圖1-2　古埃及種植小麥的情況

小麥的歷史

首先，義大利麵的原料是小麥（麵粉），小麥原本是生長在東地中海沿岸的野生植物，西元前九〇〇〇年～前七〇〇〇年，人們開始在美索不達米亞種植小麥，再慢慢普及到西地中海。幾乎可以說埃及、希臘、羅馬的各個文明，都是因為有小麥的支撐才得以繁榮興盛。在這些文明地區，小麥在人們的飲食生活、社會經濟上，一直占據決定性位置（圖1-2）。

然而，到了中世紀之後，情勢產生巨大變化。如同之後將會提到的，因日耳曼人的侵略和東羅馬帝國再度攻占等動亂，從五世紀到七世紀，在義大利的都市和農村造成破壞，導致人口減少，當然農業生產量也減少（在16頁會詳細說明）。到了十世紀左右，農業開始慢慢復興。在義大利，為了找出適合各地自然狀況的耕作方法，人們費盡苦心，進行開拓和治水工程。倫巴底平原的農業復興特別顯著，丘陵地帶和山岳地帶也建造了新村落，周圍開拓慢慢出現進展。雖然和北方各國相比稍微緩慢，但在義大利，農民為了預防土地變貧瘠，同時確保大量農作收成，一般會將農地分成三等分，分別是：

・秋天播種，夏末收成的冬小麥和裸麥田地
・初春播種，秋天收成的春小麥、大麥和燕麥田地
・為了恢復地力的休耕地

這種依序輪流耕作田地的方法稱為「三圃制」，中世紀的歐洲幾乎都是以這種方式來種植穀物。

此外，從中世紀到近代，歐洲各王國和都市當局忽視其他所有食物，將穩定小麥供需平衡做為主要政策。所以小麥成為西洋文明創造者最主要的能量來源，可以說擁有非常特別的重要性。種植小麥，製造出各種不同的小麥產品，將這些產品作為主食，是希臘、羅馬以及西洋文明的飲食傳統，而本書的主角——以小麥為主要原料的義大利麵，也與這個傳統有很大關聯。

希臘人傳入的麵包和橄欖

羅馬時代，小麥主要是被製成麵包食用。麵包的作法是如何傳入羅馬的？讓我們稍微追溯一下古代歷史吧！

從西元前二〇〇〇年開始，就有大量印歐語系民族來義大利半島定居。不久之後，決定建立羅馬的古義大利人（拉丁人）也在西元前一五〇〇年～前一〇〇〇年左右定居義大利半島，形成村落。

接著，伊特魯里亞人和希臘人也為義大利帶來都市文明。起源不明的伊特魯里亞人，在西元前九世紀定居在台伯河和阿諾河之間，就是之後的托斯卡尼地區（關於義大利地區，請參照105頁的專欄地圖）。雖然伊特魯里亞國王也曾短暫統治過羅馬，但沒有建立統一的政體，因內亂造成分裂，不久就被羅馬打敗，逐漸同化。從遺跡來看，可以知道他們的送葬儀式非常盛大。這個文明給羅馬帶來巨大影響，包含語言、宗教、建築以及制度等，一般認為，飲食文化也是其中之一。考古研究發現，西元前四世紀伊特魯里亞人的墳墓浮雕中，已經繪有製作義大利麵時需要使用的揉麵、擀麵和切麵等工具。雖然不太明確，但之後將會提到的羅馬時代千層麵，應該就是承繼這個浮雕中的義大利麵作法。

另一方面，在西元前十五世紀之前，希臘人就已建立高度文明（邁錫尼文明），在西元前八世紀～前六世紀於愛琴海附近組成城邦，同時在地中海沿岸積極進行殖民城邦建設活動，也在西西里海岸和南義城鎮設置殖民城邦。這些城市成為散播希臘文化的光源，將希臘文化推廣到大希臘（Magna Graecia，義大利南部古希臘殖民城邦的總稱）。具體而言，希臘的政治體制、文學、諸神、宗教實踐等都只是改變了名字和外形，而後傳入羅馬。

教授羅馬人製作麵包的也是希臘人。在此之前，羅馬人主要是將小麥煮成粥或是做成穀物湯食用。羅馬當局者發現以麵包作為主食的重要性，他們認為，正確地供給充足麵包，對維持國家秩序極為必要。於是建立了麵包師傅培訓學校、制定專利制度的工會組織、執行嚴格的統一管理。在奧古斯都（Augustus）統治下的西元前三〇年，據說羅馬帝國擁有三百二十九家優良麵包製造廠，全都是由希臘人經營。由此可見，希臘人默默為羅馬帝國的發展帶來極大貢獻。

不只如此，希臘人還順便帶給義大利另一個珍貴食材——橄欖油。一般認為，在西元前八世紀左右，最初的希臘殖民者就將橄欖帶到義大利。羅馬人開始在義大利南部、中部和離島地區大規模種植橄欖。西元前二世紀，橄欖油的地位已成為了主要食用油，實際上，當時的人似乎經常將橄欖油作為醬汁和湯品的調味料。羅馬人和希臘人一樣，給予橄欖油極高評價，認為這是「營養豐富的優質食材」，大量消費橄欖油。

古羅馬時代的「義大利麵」

在古羅馬時代，以小麥製作的食物並非只有麵包。古羅馬人已經知道將麵粉和水一起做成麵團（lagane），再擀平做成大麵皮（lasagna，千層麵），再切成薄片，交替夾入肉類，加上調味料放入烤爐烘烤，做成千層麵。有時也會在麵團中加入蜂蜜、胡椒一起攪拌，擀好麵團切成細的「義大利麵」再油炸。

羅馬的政治體制，一開始是王政制（西元前七五三年～前五〇九年），接著轉為共和制（西元前五〇九～前二七年），然後在西元前二十七年成為帝制，迎來極盛時期。

在初任皇帝奧古斯都的時代，羅馬版圖遠遠超出義大利半島的範圍，從不列顛尼亞*[1]到波斯灣、從日耳曼尼亞*[2]到北非，跨越地中海形成廣大領土。直到四世紀末，都由羅馬持續統治這個廣大地區。

羅馬帝國留下許多奠定西洋文明基礎的事物，像建築、法律，或是成為國教的基督教、曆法等等，而義大利麵的原型也屬於這些遺產之一。

儘管如此，在古羅馬時代，並沒有我們現在所吃的這種、真正意義上的義大利麵。因為羅馬人雖然確實會使用小麥製造的「麵團」，在義大利文中也將此稱為「pasta」（義大利麵），但羅馬人會直接烘烤或油炸再食用，當時尚未進入水煮、蒸這種「與水結合」的烹調階段。麵團只有充分吸水後，做出來的麵食口感才會更滑順、才能和醬汁產生絕妙搭配。

日耳曼民族的侵略

古羅馬時代誕生的「義大利麵」原型，之後是否順利發展成現在的義大利麵？很遺憾事實並非如此。因為日耳曼人侵略羅馬帝國後，義大利麵和其原料「小麥」就邁向黑暗時代。

日耳曼民族原本居住在歐洲北部、東部，四世紀到六世紀，陸續開始往羅馬帝國大遷徙。剛好在這個時期，羅馬帝國分裂成東羅馬和西羅馬（三九五年），慢慢走向衰退。接著日耳曼人傭兵隊長奧多亞塞（Odoacer）廢除西羅馬帝國皇帝，西羅馬帝國就此滅亡（四七六年）。

西元四八八年，日耳曼民族其中一個分支——東哥德人，在領袖狄奧多里克大帝（Theodoric）的帶領下入侵義大利半島，成立東哥德王國。狄奧多里克死後，拜占庭（東羅馬）帝國消滅了東哥德王國，查士丁尼大帝（Justinian the Great）統治了義大利半島。五六八年，同為日耳曼民族分支的倫巴底人入侵，不久後，義大利就被瓜分成下述情況（圖1-3）。從最南部和拉溫納到羅馬的重要地帶（拉溫納、羅馬軸心地帶）屬於拜占庭帝國領域，北部和中南部屬於倫巴底領域。羅馬和羅馬教宗都在拜占庭統治下的拉溫納——羅馬軸心地帶的中心地區。教宗慢慢獲得居民支持，開始反抗拜占庭帝國的統治。

＊註１：羅馬帝國對不列顛島的稱呼。

＊註２：古羅馬人對日耳曼人居住地的稱呼，位於萊茵河以東、多瑙河以北，包括被古羅馬控制的萊茵河以西地區。

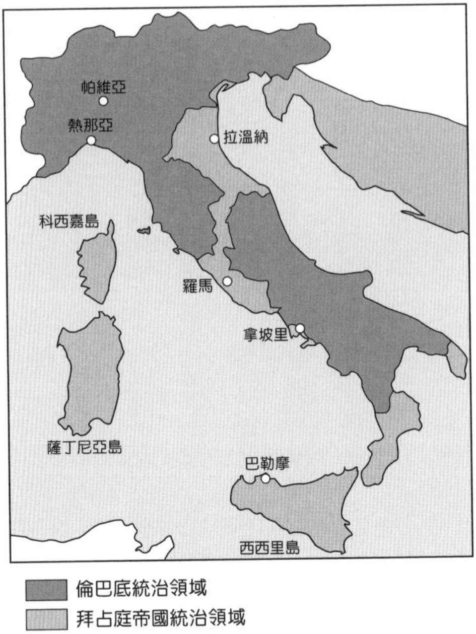

圖1-3　西元七世紀左右的義大利

往前追溯一下，基督教在西元後不久即誕生，雖然最初受到迫害，但在四世紀獲得羅馬皇帝的認可。羅馬教會的主教被稱為「教宗」，開始擁有極大權力。日耳曼民族原本不是基督教徒，也陸續改信基督教，在日耳曼民族侵略後的混亂狀態中，基督教教會一直在單獨積蓄力量。教會的根基在於擁有主教的教堂，這些教堂分布在幾個主要都市的中心，成為政治、文化、社會指揮部。這種都市之後也成為義大利飲食文化的中心，請大家先記住這一點。

由教宗管理的羅馬教會，和拜占庭帝國首都君士坦丁堡（現在的伊斯坦堡）教會，雙方因教義差別，及羅馬主教是否比其他主教優越的問題進行爭論，七世紀到八世紀前半，這種對立日益加深。倫巴底國王瞄準這個可乘之機，入侵了教宗所在之處——屬於拜占庭統治下的拉溫納、羅馬軸心地帶。

教宗無法獲得拜占庭皇帝的援助，考慮和迅速擴大勢力的法蘭克人（日耳曼民族另一個分支）攜手合作。當時法蘭克王國佔據歐洲廣大疆域，國王矮子丕平（Pépin le Bref）響應教宗號召介入戰爭，隨後接手王位的兒子卡爾大帝（Karl der Große，又譯為「查理大帝」）也插手其中。矮子丕平奪回倫巴底王國所占領的、曾屬於拜占庭的領土，卻沒有歸還拜占庭，而是捐給教宗，隨後義大利中部的教宗國於該地成立。七七四年，卡爾大帝也攻陷倫巴底王國首都帕維亞。最後，倫巴底王國被法蘭克王國併吞而滅亡。

卡爾大帝在八〇〇年，於聖彼得大教堂由教宗加冕成為羅馬皇帝。雖然以前的羅馬帝國復興了，但在法蘭克，瓜分繼承是很基本的情況，這段統一的時間很短暫。西元九世紀時，帝國一分為三，變成現在的法國、義大利和德國的起源。

在這三個國家當中，義大利與法國、英國等國不同，不斷受到外部勢力入侵，無法

圖1-4　中世紀王侯貴族熱衷的打獵

達成國家統一，不久後，城邦開始割據分裂，各個地區紛紛展開自己的歷史。

日耳曼民族的飲食文化和義大利麵的衰退

總之，羅馬帝國分裂後，眾多日耳曼民族入侵義大利，這當中也包含倫巴底人，接著又處於法蘭克人統治的狀態下。身為統治者的日耳曼民族人數雖少，卻以封建領主階層、貴族的身分統治許多領地居民。日耳曼貴族的理想飲食生活，與過去的希臘、羅馬貴族以麵包、橄欖油、蔬菜為主的飲食風格有著天壤之別。

日耳曼人無肉不歡，尤其愛吃打獵得來的獵物（圖1-4）。目前有一個有力說法為，日耳曼人從古代末期到中世紀初期，都不是過去所說的那種狩獵採集民族，而是固定農耕和畜牧的民族。入侵羅馬帝國的各個日耳曼民族似乎立刻融入當地展開農耕生活。儘管如此，日耳曼的自由人，還是以「從士制＊」這種軍事主從制度為核心建立人際關係，並以戰爭為主業。此外，貴族坐享農奴工作成果，經常在非戰爭時期憑藉過往氏族的光榮記憶，從事打獵活動。

所以中世紀的王侯貴族會將打獵取得的雉雞、鹿、野豬、野兔等飛禽走獸端上餐桌，吃光大量堆放在餐桌上的肉類，來喚起過往祖先戰士馳騁山野打獵維生的「記憶」（即使那些記憶只是虛構故事），並藉此對外炫耀自己的富有和力量（圖1-5）。而且不吃肉的貴族會被視為虛弱、頹廢，備受輕視。當時男子氣概的象徵就是打獵和肉食，農業和農作物被視為「女人性格」。

在油類方面，動物性油脂也特別受歡迎。北方的豬油、奶油、菜籽油和南方的橄欖油分庭抗禮，一同被端上餐桌。在中世紀歐洲，橄欖油一直未能在食材領域出頭天，長期用於藥物、化妝品、佛燈燈油和宗教儀式。到了近代，碾碎和榨油技術提高，食用橄

＊註：古代日耳曼民族的主從制度。

圖1-5　中世紀王侯貴族的餐點

欖油的情況才有所增加。

當然，小麥和雜糧一直是很重要的食材，但因為日耳曼人的入侵和接二連三的戰亂，小麥田和其他農地嚴重荒廢。直到西元一〇〇〇年之後，農業才得以復興。但在階級森嚴的中世紀，最初數百年裡，雖然富裕階層能吃到小麥製造的麵包，但下層民眾充其量只能將斯佩耳特小麥、大麥、裸麥、小米、稗子、黍等雜糧做成麵包或義大利雜菜湯（minestra，會於第3章解說）食用。

將小麥磨成麵粉再揉製麵團，以做麵包之外的方法烹調食用——

也就是現今流行的義大利麵作法，這一精緻的技藝，在日耳曼人的統治下被長久遺忘了。關於這個時期的一切，幾乎沒有留下任何史料，只能依賴推測，但我認為義大利麵是極為高度文明的文化成果，但這個成果在羅馬文明滅亡、日耳曼人開始統治的時代下未能普及開來。事實上，義大利麵真正復活是在古典文化復興，也就是被稱為「十二世紀文藝復興」的文化運動興起之時。

義大利麵的復活和新生

義大利麵消失很長一段時間後，能證明義大利麵在義大利復活的證據，就是十三世紀末期，薩林培內．德．亞當（Salimbene de Adam）的著作《編年史》（*Chronicle*）。薩林培內在該書敘述自己看到托缽修士*喬瓦尼．達．拉維那（Giovanni da Ravenna）狼吞虎嚥地大吃盤子中撒著起司的千層麵，他覺得驚訝不已。在該書更前面一點的內容，他則誇誇其談，開心描述與眾不同的方餃（ravioli）。

*註：friar，云游布道，托缽乞食的僧侶。活躍於十二世紀末至十三世紀初的歐洲。不同於教會上層的驕奢，崇尚清貧。

和薩林培內的《編年史》一樣，另一個值得注目的證言，在十四世紀中期托斯卡尼地區的食譜集《料理之書》（*Libro della cocina*）中。之所以這樣說，是因為書中如此描述千層麵作法：「以白色麵粉做成麵團，擀成薄薄的麵皮再晾乾，接著以閹雞或其他肥肉熬煮的高湯煮熟麵皮，再盛入盤中，撒上油脂很多的起司食用……」

接著，在十三世紀末期~十四世紀初期，拿坡里另一本《料理之書》（*Liber de coquina*）也出現千層麵的蹤跡，書中提到：「將薄麵皮切成邊長三公分的正方形，放進煮沸的滾水中，將麵皮一層一層重疊，撒上大量起司，再撒上喜歡的香料食用。」與其說這些食物是現在的千層麵，不如說是像餛飩一樣的食物。

此外，在十四世紀，也有一些料理書籍記載了義大利餃之一的「餛飩（tortelli）」與「小餛飩（tortellini）」（參照91頁），作法和今日的食譜書已非常接近。

義大利麵從歷史黑暗中再度登場後，已經不像羅馬時代那樣以油炸或烘烤的方式烹調，而是以牛奶或雞湯水煮。換句話說，與水結合的「義大利麵」終於登場了。其中值得注意的，就是義大利麵與「起司」的巧妙搭配。將義大利麵和起司一起食用，在營養學上也是絕配，而且最重要的，就是起司和義大利麵結合後，為義大利麵帶來盛大發展的機會。

北義的生麵

之後直到中世紀末期，義大利餃、麵疙瘩、短麵、長麵等各式各樣的義大利麵開始出現在史料中。烹調方法也吻合近代「義大利麵」概念的決定性要素，換句話說，在烹調階段「與水結合」成為正常作法，**pasta asciutta**（將水煮後瀝乾水分的義大利麵與醬汁拌勻的乾麵）和**pasta in brodo**（義大利湯麵）已經普及開來。

因此，雖不能準確斷言時間，但早在薩林培內的證言出現之前，大概是十一世紀～十二世紀的中世紀盛期，「生麵」這種形式的義大利麵就已經誕生，而且採用了和今日相同的烹調方法。

這種生麵誕生於北義。從中世紀初期開始，南義大量生產硬質小麥，與此相對，北方幾乎只能產出軟質小麥，這種小麥是以波河流域平原為中心，進行大量種植。在北義，人們會在家裡揉製麵團，麵團中是否加入雞蛋這點雖然眾說紛紜，但大家會自己製作生麵，或在店裡買師傅做好的生麵回家烹調。然而，生麵在中世紀，並未普及成為北義一般家庭的日常食物，只有在特殊情況、慶祝祭祀場合或紀念日才能吃到。

圖1-6　乾燥麵的發源地，西西里島的巴勒摩

阿拉伯人帶來的乾燥麵

另一方面，乾燥麵也起源於中世紀的義大利。相對於生麵和北義以前就有地緣關係，乾燥麵則起源於南義（西西里島）（圖1-6）。長期保存用的乾燥麵發明時間可能比生麵晚一點。換句話說，乾燥麵的另一特徵，就是從家庭消費的基本手工製品，轉移成適合運輸、商業化的工業製品。

一般認為乾燥麵是穆斯林（伊斯蘭教徒）阿拉伯人引進的食物。為了在沙漠移動，需要不易腐敗的保存食物，於是阿拉伯人製造出乾燥麵，這就是大家公認的乾燥麵起源。

話說回來，從古代到現代，南義就走向

與北義不同的歷史之路。之前已經介紹過，西羅馬帝國崩解後，南義曾被拜占庭（東羅馬）帝國統治（參照11頁）。之後阿拉伯人在九世紀時，從拜占庭奪回西西里島的統治權。然後穆斯林多半移居到西西里島的西部，以巴勒摩為中心進行伊斯蘭化。之後統治西西里地區的王朝從阿格拉布王朝*[1]輪替到法提瑪王朝*[2]，而且在十一世紀中期，各地獨立諸侯又各自擴張勢力，進行割據。

七世紀之後，伊斯蘭勢力往地中海區域快速擴張，此舉雖然震驚歐洲、基督教世界，但南義就和伊比利半島一樣，位於這個對立競爭的最前線（圖1-7）。十世紀初期到十一世紀前半為止，南義中的西西里屬於伊斯蘭，義大利半島最南端和東南部屬於拜占庭，而夾在拜占庭領土和北方義大利王國中間，還有一個倫巴底族的貝內文托公國（九世紀時解體分裂，變成貝內文托侯國、薩萊諾侯國、卡普阿侯國）。換句話說，對伊斯蘭世界、拜占庭世界、拉丁基督教世界而言，南義這個地方都是「邊境」，在這裡，各個民族的衝突和分裂不斷發生。然而，正因為南義是這種邊境，才能產生豐富的

＊註1：阿格拉布王朝，八〇〇～九〇九年，北非的阿拉伯伊斯蘭王朝，直到被法提瑪王朝所滅。

＊註2：法提瑪王朝，九〇九年～一一七一年，北非的阿拉伯伊斯蘭王朝，西方文獻又名南薩拉森帝國。

圖1-7　10世紀左右的義大利

文化交流成果，這一點無庸置疑，在飲食文化上也是如此。

西西里的文化和風土

南義倫巴底族居民在發起從拜占庭獨立的運動時，曾經被稱為「維京人」的北方諾曼人，以傭兵身分提供協助並獲得承認。早在一〇一〇年代到一〇四〇年代，諾曼人就已獲得許多土地和領主權，不久後自己率先出馬攻占義大利半島最南端的卡拉布里亞和普利亞，終結拜占庭對半島南部的統治，隨後往西西里前進。諾曼的歐特維爾家族（Hauteville Family）的魯傑羅（Ruggero）在一〇七二年攻占巴勒摩，將穆斯林從統治者王座拉下驅逐，魯傑羅的兒子魯傑羅二世（Ruggero II）於半島南部打敗有獨立傾向的諸侯，一一三〇年，建立了由西西里和義大利半島南部組成，一般通稱的「兩西西里王國」（參照28頁的圖1-8）。

然而，即使諾曼人統治了南義，穆斯林的人數，尤其在西西里島還是占大多數。剛開始他們被行政機關重用，一直和基督教徒和平共存，直到十二世紀末期的諾曼王朝末期。所以，這個地區是乾燥麵在義大利的發源地，是很合理的說法。

而且氣候條件也非常重要。西西里島氣候乾燥，一整年都有燦爛陽光照射、強勁海風長年吹拂，具備讓義大利麵乾燥的最佳條件。此外，因為南義的氣候風土相當適宜，所以從古代就積極種植乾燥麵所使用的優質硬質小麥。

因此，十世紀～十二世紀在義大利相繼誕生的生麵和乾燥麵，從一開始就形成下述這種二分法：軟質小麥製造的生麵是代表「北方」，硬質小麥製造的乾燥麵代表「南方」，這是非常有趣之處。這種情況到現代仍具有影響，在北義，現在也還有許多千層

麵、麵捲（cannelloni）、方餃（ravioli，如上圖）和寬扁麵（tagliatelle，如上圖）等手工麵條，尤其波隆那的手工義大利麵非常有名，這和南部長條麵、通心粉等乾燥麵的數量之多形成對比。

阿拉伯地理學者伊德里西（Idrīsī）由於為西西里國王魯傑羅二世製作世界地圖而廣為人知，西元一一五四年左右，他向國王傳遞這個訊息：「距離西西里首府巴勒摩約三十公里的特拉比亞地區，有乾燥麵產業。」伊德里西又繼續提到：「在這個地區製造的大量義大利麵，會用數量繁多的船隻裝載出口，運送到以卡拉布里亞為首的『本土』，以及其他地中海區域的伊斯蘭和基督教國家。」

從熱那亞到地中海

此外，早在十二世紀，義大利半島西北部南端港口城市熱那亞，商人們就已經開始將西西里的義大利麵銷往北義，他們是乾燥麵最主要的傳播者（28頁的圖1-8）。南義的義大利麵，從巴勒摩的港口運送到熱那亞，成為旅行者、船員的常備食品，不久後，乾燥麵也成為熱那亞的特產品。

熱那亞和同為海港城市的比薩、威尼斯，從十一世紀開始就同時因為地中海交易而繁榮。在此之前，熱那亞就因為在西地中海區域驅逐穆斯林，因而成為具有影響力的海港都市。但十一世紀末期，十字軍開始成形建國後，熱那亞和威尼斯、比薩一起被委任為各國十字軍的補給站，負責補給物資和人員，因此發展更為躍進。此後，曾由伊斯蘭法提瑪王朝統治的黎凡特海域（東地中海），海上交易也轉由熱那亞操縱。

熱那亞雖然與比薩、威尼斯之間的制海權競爭非常激烈，但一直操控著西西里。此外，熱那亞會向北法蘭西販售奢華的東方產品，像香料、絲綢、棉花、砂糖、黃金等等，也透過交易換來毛織品和白銀而取得龐大利益。因為都市自治發展的緣故，熱那亞並未捲入王侯的政治對立，可以專心賺取經濟利益，這也是促進城市發展的有利因素。

總之，熱那亞以及整個利古里亞海岸，位居北義的生麵製造中心，又以乾燥麵生產地馳名，從中世紀之後到十九世紀中期，和南方的拿坡里及其周邊地區共享義大利麵產地盛名。

有一些證據能讓大家瞭解義大利麵在當時的熱那亞有多麼普及。舉例來說，有位名叫烏格利諾．斯卡魯帕（Ugolino Scarpa）的公證人，因接手海軍龐濟奧．巴斯東內（Ponzio Bastone）的遺物，留下一份一二七九年二月四日製作的財產目錄，其中有個項目就是「裝滿通心粉的木箱」。可見「通心粉」在當時是值得作為遺產的貴重食品，而且這個麵條顯然是乾燥麵。公證人非常嚴謹，連小事都必須記載下來，卻沒有提出任何說明就使用「通心粉」一詞，表示當時在該地區，大家都知道「通心粉＝義大利麵」。

在教宗和皇帝對立下催生出的自治都市

為何在那個時代，熱那亞這種都市會擁有權力？義大利從中世紀到現代都是「都市世界」，都市在政治、經濟、文化、宗教等所有領域，都統治著周圍農村。這種都市的地域統治，直到近代及現代，依然決定著義大利以都市為基礎的政治、社會形態。

中世紀的義大利，教宗和皇帝經常互相競爭。法蘭克王國滅亡後就不存在的「神聖羅馬皇帝」*頭銜，隨著奧圖一世（Otto I）的加冕再次復甦，都市就抓住這兩者對立的機會，慢慢興起。

十世紀時，在帕維亞由義大利國王選出的伊夫雷亞藩侯貝倫加爾一世（Berengario I）南下進攻羅馬，教宗若望十二世（Johannes XII）遭受威脅，於是向德意志國王奧圖一世求助，只要幫他抵抗義大利國王，他可以將羅馬帝國皇帝頭銜授予奧圖一世。奧圖一世回應教宗要求，進軍義大利打敗貝倫加爾一世，直接前進羅馬。接著在隔年九六二年，奧圖一世就像以前的卡爾大帝（參照13頁）一樣，由教宗進行加冕，成為包含德意志、義大利在內的「神聖羅馬帝國」（圖1-8）皇帝。

這樣一來，理論上是誕生了掌握整個基督教世界權威的皇帝，然而雙方的蜜月期並不長，不久後，皇帝和教宗就因種種原因而對立。原因之一，就是奧圖一世規定選出教宗後，在進行聖別儀式（藉由塗油成為神聖化的存在）前，教宗必須對皇帝起誓忠誠。

---

*註：西元八〇〇年，卡爾大帝成為首位獲教宗加冕的羅馬皇帝，此頭銜包含了「神聖」和「羅馬」兩個元素。冠以此名意味著被承認是西羅馬帝國皇帝的繼承人。

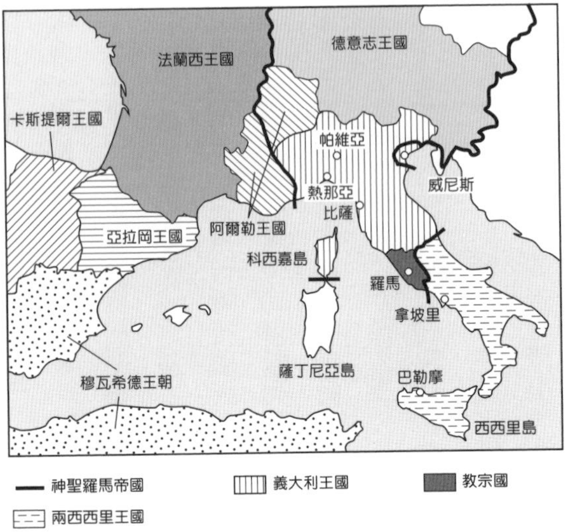

圖1-8　12世紀左右的歐洲

此外，在中世紀封建時代，主教和修道院院長同時也是大領主，教會財產有大部分屬於領地，而君主相當於主教和修道院院長的上一級領主，將職務和領土向下分封，而這已形成一種老規矩，所以教會並未從世俗權力中獨立出去。

在這種情況下，一〇七三年，教宗額我略七世（Gregorius VII）即位，以實現教會自由、從世俗權力解放，以及革新神職人員道德為夙願，和當時的皇帝亨利四世（Heinrich IV）針鋒相對。兩人針對任命高位神職人員的權利（神職人員敘任權）進行宗教鬥爭，持續了將近五十年。開除皇帝教籍、罷免教宗……這樣的情節不斷上演。

之後一有機會，皇帝和教宗就反覆競爭，而在義大利，歸爾甫黨（教宗派）和吉伯林黨（皇帝派）之間的黨派之爭更是加深了這些沒完沒了的鬥爭。其間，隸屬於其中一個派系的自治都市（自治體，commune）陸續在中義和北義形成。而且在同一個都市內，貴族各支系也分別隸屬不同黨派，他們激烈競爭奪取政權，情勢非常棘手。

然而，雖然遭受到都市內部、都市之間極為複雜的政治勢力關係的洗禮，自治體還是逐漸達成自律發展，皇帝或羅馬天主教會都無法控制都市自治和都市市民的興起。

自治體的發達和飲食文化

中義和北義的自治體發展情況，大大決定了義大利史的潮流，也決定了今日依然存在的都市空間形式。這些自治體大多是本來的獨立城邦。

包含米蘭、比薩、波隆那、佛羅倫斯、西恩納、威尼斯（圖1-9）、熱那亞等都市自治體，經過初期主教和貴族統治的時代（十一世紀～十二世紀）後，由市民（平民）掌握主導權，推選政務官進行統治，但代表貴族、商人的評議會還是會提供協助。

這些自治體全力守護城牆內的都市中心（城市），以及周圍的農村領域（城市的鄉

圖1-9　15世紀描繪的威尼斯港口和街道

村腹地），另一方面，一旦都市打算擴展自己的利益範圍，近鄰的都市之間就會發生鬥爭。多數都市成為商業活躍中心，除了義大利內部的交易，還和中歐、北歐進行交易。倫巴底商人、托斯卡尼的佛羅倫斯、西恩納、盧卡等地的商人都非常活躍。

另一方面，除了前述的熱那亞，其他海港都市如阿瑪菲、比薩、威尼斯等，都在地中海商業賺取利益，互相爭奪霸權。到了十三世紀之後，眾多都市從共和制和寡頭制*變成君主制，開始由軍事力量統治，都市作為一種擁有領土的國家，統治所有周邊領土。

都市也是文化中心，在食物供應、流通，或飲食文化這部分，也發揮巨大作用。都市政府最重要的課題就是地域的食物供應。所以要制定小麥等食物的價格、儲備非常時期的糧食、課徵物品稅和流通稅、制定交易市場規則和食品經營業者規約，有時也會限制往外部的出口。由於自身領土常有食物供應不足的情況，政府也經常從周邊地區的市場及遠處籌措食物。飢荒時，周圍農村的農民也會湧向都市。在主要都市，便設置了專門管理這種糧食採購、儲備、供應市民的政府機關「糧食局」。

此外，市民的任務，就是將周圍農民的料理變得更精緻，做出更美味的食物。義大利都市主要依靠周圍農村供應食材，但在資源集中、能享受富裕生活的都市，人們追求能夠突顯地位和名譽的珍饈美食的慾望也更強烈，有時甚至會千里迢迢進口名貴食材。如同第3章所見，宮廷是高級飲食文化的中心，但是中世紀盛期以後，宮廷只存在於都市。

而且到了近代，都市作為地域代表，成為區分料理和廚師身分的標識。即使是在近鄰農村、海岸、山岳和湖泊等地製作的料理，也以中心都市為代表，開始被稱為「佛羅倫斯料理」或「波隆那料理」，這部分會在第4章介紹。

＊註：一種政治形式，資源幾乎掌握在少數特權階級手上。

拿坡里的通心粉生產

另一方面，在十三世紀的南義，繼西西里之後，拿坡里和其附近地區也留下幾個乾燥麵普及的證據。舉例來說，在拿坡里近郊的格拉尼亞諾，由領主喬凡・費拉里奧一世（Giovan Ferrario I）所做的論述考察中，就有關於「通心粉」的記述，認為通心粉能有效治療發燒和結核病。此外，一二九五年，當時治理拿坡里的是安茹家族（Anjou）的夏爾（Charles），在繳納給夏爾的母妃瑪莉（Marie）的物品中，引用了「通心粉」一詞。通心粉在當時是作為「藥物」使用，或王室指定用品，所以可以想見義大利麵在拿坡里仍是高價食物，不是一般人能簡單買到的東西。

話說回來，在中世紀有很長一段時間，「通心粉」一詞是指所有形狀的義大利麵，「麵疙瘩」也經常被稱為「通心粉（maccheroni）」。不過，在南義史料出現的這些通心粉，不論是長麵、短麵、空心麵、實心麵，全部都是乾燥麵。

之後由杜蘭（硬質）小麥製造的乾燥麵，在南義地區，更以拿坡里特產之姿聞名整個義大利，甚至整個歐洲。為此，簡易的量產法勢在必行。

圖1-10　18世紀製造義大利麵的壓製機（左）和攪拌機（右）

起初，作為商品販售的義大利麵，生產方式有點粗魯：在木桶中倒入麵粉和水，手抓住從天花板懸吊下來的繩子支撐身體，再以腳踩踏揉製麵團。直到十六世紀末，在巴里和拿坡里才出現了擠壓式作法的壓製機（類似處理涼粉的壓製機）和利用人力、水力及獸力操控的攪拌機，並慢慢進行改良（圖1-10）。雖然蒸汽和電力在十九世紀後半才開始應用於工業生產，但十七世紀之後，拿坡里的義大利麵製麵業者已經能大量生產義大利麵。

義大利麵工會的誕生

幾乎與此同一時期，即十六世紀中期到

十七世紀，在熱那亞、拿坡里、巴勒摩、薩沃納和羅馬等都市，已經出現獨立的義大利麵製麵業的「工會」，不再是之前那種附屬於麵包店的形式，也就是成立了同一職業的工會，制定獨自的規約。

「工會」就是工商業者之間組成的同一職業工會，在十三世紀，義大利很多都市皆成立了工會。以「謀求相同業者的共存共榮，排除外人」為目的設立了規約。在這個組織中，嚴格規定工會成員的勞動時間、產品品質、規格、製造方法、價格和銷售途徑，同時也規定了宴會、祭典、葬禮、救助窮人等工會成員之間的親睦活動。工會成員分成領班、師傅和徒弟三種階級。此外，在工會中也分成有勢力的工會和弱勢工會，在多數都市，做一個有勢力的工會領班，是能夠參與市政的方法。

當然，麵包店、肉店等食品相關工會早已存在，但曾經和麵包店合為一體的義大利麵工會，在獨立和成立方面晚了很多。自此，製麵業者有組織地一步步奠定了自己的行業力量，生產規模也得以擴大。

然而，增量太多似乎也是一個問題。舉例來說，在十七世紀的羅馬，「細麵條店家」實在太多了，所以教宗烏爾巴諾八世（Urbanus VIII）在一六一四年頒布教令，規定義大利麵的買賣規則，甚至要義大利麵店互相間隔二十四公尺以上。

多樣化的義大利麵

這一時代，出現了「通心粉」和「細麵條」等詞彙，從當時的料理書籍可判斷，中世紀後期的義大利麵種類、形狀也非常多樣化。

首先，十三世紀末期~十四世紀初期，在拿坡里的《料理之書》中，有一種名為「ancia alexandrina」的食物，這可能就是長麵。「ancia」是「管子」之意。而十四世紀中期，在托斯卡尼的《料理之書》中，最後一部分被分類為病人餐點，其中便記載著一項名為「熱那亞的tria」的義大利麵食譜，作法是在杏仁牛奶中煮熟麵條。同一時代，在佛羅倫斯另一本食譜抄本中，則出現「細麵條的義大利麵」食譜，也是指示要以杏仁牛奶煮麵條，再加入砂糖和番紅花。後者的食譜詳細很多，但兩者似乎是相同料理。一般認為，「tria」也是細長的長麵。

關於「細麵條」（vermicelli），原本是指細長的蠕蟲，十五世紀的偉大廚師——科莫（位於北義，在米蘭稍微北邊的城鎮）的馬蒂諾（Maestro Martino），在他的食譜（參照88頁）中，具體描寫了這種麵食的作法：「將麵團擀勻攤平，以手指切成像細長蠕蟲一樣的細線狀，日曬使其乾燥。可保存二到三年。」所以，一般認為這是類似今日長條麵的食物。

除了細麵條，馬蒂諾還記錄了「西西里通心粉」食譜。當中如此敘述：「如果要做兩小盤的分量，和麵時需加入一或兩個蛋白，使義大利麵有結實口感。接著，將麵團揉成手掌大小，再揉成切割後的稻草般的細度。然後將棉線粗細的細鐵絲，裁成手掌大小或更長的長度，放在剛剛做好的麵團上。在桌子上以雙手滾動麵團，再抽出鐵絲。這樣一來，就能做出空心的通心粉。」這正是「通心粉」（maccheroni）一詞，第一次明確用來指稱我們現在所知的空心短麵。

馬蒂諾還提到另一種「羅馬通心粉」，從食譜看來這應該不是通心粉，而是寬扁形的麵條，大概是緞帶麵（fettuccine）或寬扁麵吧。關於這種麵食，他也傳授了下述作法：將擀平的麵團纏在擀麵棍上，做成捲筒狀，再將其切成指頭寬度。這和十六世紀的代表性料理書作者梅西斯布戈（Cristoforo di Messisbugo）（參照90頁）及巴托洛梅歐・斯卡皮（Bartolomeo Scappi）（參照89頁）傳授的作法幾乎一樣，即「將麵條以肉類（肥肉）高湯或加鹽滾水煮熟，撒上奶油、起司、甜香料再端上桌」。可見當時人們經常將義大利麵泡在高湯中，作為湯麵食用。

中世紀義大利人討厭彈牙口感？

在追溯義大利麵誕生過程的這個章節，最後來看看煮義大利麵的方式吧！對於口感的偏好，中世紀、文藝復興時期的人和現代人相當不同。現在多數的義大利人及日本人都很喜歡「彈牙口感」（但由南往北，喜好似乎會慢慢變成柔軟口感）。然而，十五世紀～十七世紀的義大利麵，根本就是完全煮過頭。馬蒂諾認為，「西西里的通心粉」要「水煮兩小時」，而其他料理書也規定義大利麵水煮時間是三十分到兩小時。應該是喜歡黏黏但又很軟、彷彿快融化的口感吧！

那麼，「彈牙口感」是何時誕生的？

在斯卡皮的料理食譜中（一五七〇年出版），義大利麵水煮時間仍然很久。直到十七世紀初期，終於有人推薦了類似「彈牙」的口感，那就是打算將斯卡皮的食譜更加單純化的業餘廚師喬瓦尼·德魯·拓克（Giovanni Del Turco）。換言之，他認為「通心粉不要煮太久比較好」，而且「立刻淋冷水會使通心粉更有口感、更緊實」。這位喬瓦尼是出身佛羅倫斯名門的音樂家，更以牧歌（藉由牧歌類型的抒情詩作成的多聲部世俗歌曲）作者身分聞名，也出版過料理書，是當時大眾周知的作家。

到了十八世紀，到處可見「柔嫩的生麵不要煮太久」的忠告，這種愛好便慢慢普及。一開始似乎是拿坡里平民喜歡很有咬勁、有口感的麵條，但經過義大利國家統一後（第4章將會解說），這個愛好也普及到了北方。

第 2 章

文明交流和義大利麵的醬汁

來自新大陸的番茄

以前的義大利麵是什麼味道？

接下來讓我們從歷史方面來研究義大利麵的醬汁和配料。

如今我們為了做出美味的義大利麵，會以茄汁、義式燉肉醬、大蒜、辣椒以及橄欖油為主，在各種調味上費盡心思。當然，還會使用各種香料、起司、奶油、牛奶、葡萄酒、蔬菜、菌類、肉類、海鮮類，偶爾也會加入水果調味。而且各種食材本身的味道、口感、形狀等等，都會和義大利麵的形狀、紋路合為一體，使美味效果倍增。

不過，如此多元的調味方式，是近幾年才開始的。那麼，在此之前，烹飪義大利麵常見的調味料有哪些呢？

首先，一開始的義大利麵，似乎沒有添加任何調味就直接食用。當時的義大利麵是在肉類（閹雞等）高湯或杏仁牛奶中長時間燙過，所以相對地會更有味道（公雞閹割後，肌肉纖維變細、肉質變好，脂肪也容易附著，會變得更美味）。為了避免水分不足，也會加入法式清湯（濃縮湯汁）或肉汁。當時的吃法，是在高湯或杏仁牛奶中加入義大利細麵做成湯麵，吃起來像粥一樣。這種湯麵吃法一直持續到十八世紀之後，而現在一般常吃的「pasta asciutta」（即義大利乾麵），則是慢慢增加支持者。

撒上滿滿起司的中世紀義大利麵

然而，考量到調味和營養，撒上起司的習慣很早就普及了。起司與義大利麵的結合，似乎從西元一〇〇〇年左右就已存在。在番茄普及之前，人們吃麵一定會撒上大量起司，有時還會撒上胡椒等香料。所有的「料理書」，都證明了調味主角「起司」的存在，除了研磨，將起司切成薄片也是不錯的方式。在起司當中最為講究的就是帕瑪森起司。這個名稱源於產地帕瑪，同樣地，因為產地皮亞琴察、洛迪，而被稱為皮亞琴蒂諾、洛迪賈諾的起司也很有名。而中義和南義的主流，肯定是以羊奶製造的義大利佩克里諾起司。

從十五世紀開始，就會添加奶油讓起司的味道變得更加香甜柔和，北義尤其會採取這種作法，在十四世紀的食譜中，會以奶油代替偶爾登場的豬油。從中世紀末期開始，拿坡里以南的地區也開始添加橄欖油。

大航海時代的到來與西班牙、葡萄牙的興起

中世紀的義大利麵吃法，是將麵用水、牛奶或高湯煮過，再撒上起司食用，比起現代豐富的調味，就能知道對義大利麵的歷史而言，在大航海時代從新大陸引入的新「食材」有多麼重要。

一般所說的大航海時代，是從十五世紀末期開始。哥倫布相信往西航行穿越大西洋就能抵達「印度」，隨後他獲得西班牙女王伊莎貝拉一世（Isabel I la Católica）的協助出航，發現新大陸（中南美洲，一四九二年），大家都知道這個故事。之後歐洲列強開始競爭，利用船隊趕往世界各地，開發資源、組成有組織的貿易網絡，逐漸邁向殖民地統治。

十六世紀前半，西班牙和葡萄牙瓜分世界、統治新大陸。葡萄牙在印度的果阿邦和東南亞的麻六甲等地建造基地，意圖操控印度洋貿易圈，獨占香料貿易（圖2-1）。與此同時，西班牙獲得加勒比海島嶼和大部分的中南美土地，開採金礦和銀礦帶回祖國，還從非洲進口黑人奴隸，開始進行甘蔗栽培。以食物來說，除了甘蔗之外，馬鈴薯、玉

米以及可可豆，也是西班牙人從新大陸帶回歐洲的，後面將會說明這些新食材如何大幅改變歐洲的飲食文化。

落後的義大利

話說回來，由西班牙、葡萄牙起頭，列強在中南美和太平洋島嶼尋求獲利權益時，義大利被這些列強統治國土，陷入悲慘境地。

首先在地中海，伊斯蘭國家的土耳其鄂圖曼帝國慢慢擴張勢力。鄂圖曼帝國在一四五三年消滅拜占庭帝國，將首都移到君士坦丁堡，之後更在一五一七年消滅埃及的馬木路克王朝，將埃及也納入國土，確立伊斯蘭世界的盟主地位，也掌握了地中海、黑海和愛琴海的制海權。義大利各個都市的

圖2-1　南印度種植胡椒的情況

商人，獲得蘇丹（鄂圖曼帝國的君主）的許可，得以繼續從事貿易活動，但衝突也頻頻發生。

此外，因為發現了新大陸，從地中海往大西洋的航路改變了，在中世紀時期，於黎凡特進行貿易而獲利的義大利海港都市遭受巨大打擊。舉例來說，在亞洲香料交易這部分，葡萄牙便利用繞過好望角前往印度的新航線，壟斷了整個印度洋貿易。不過這種壟斷情況很早就崩解，雖然經由東地中海前往亞洲的舊航線復活了，但是和鄂圖曼帝國有友好關係的英國和法國幾乎獨占了這個交易，義大利的海港都市活動變得蕭條。如此一來，威尼斯和熱那亞也喪失往日的繁華光景，義大利沒有趕上大航海時代潮流，慢慢變成歐洲經濟的落後者。義大利貴族不再從事商業活動，而是透過經營土地獲取利潤，從商人搖身一變成為地主。

西班牙統治下的拿坡里和新食材

儘管義大利落後於時代潮流，新大陸的食材還是有進入義大利。因為十五世紀中期之後，西班牙統治了南義的拿坡里王國，將其作為殖民地，納入西班牙經濟範圍。

之前已提過諾曼人如何在南義建立兩西西里王國（參照22頁）。一一八九年，諾曼王朝一滅亡，就發生將教宗和德意志諸侯牽扯在內的鬥爭，所以暫時由霍亨斯陶芬王朝的神聖羅馬皇帝兼任西西里國王。一二六八年，這個王朝也滅絕，法蘭西安茹家族和西班牙亞拉岡王室為了王位長期反覆鬥爭。最後在十四世紀，安茹家族（拿坡里王國）統治了義大利半島南部，亞拉岡家族（西西里王國）統治了西西里島。

不過，拿坡里王國之後仍一直處於複雜的勢力鬥爭中，統治西西里島的西班牙亞拉岡國王阿方索五世（Alfonso V）趁機攻占了拿坡里王國（一四四二年）。阿方索五世又接著合併拿坡里和西西里，成為兩西西里國王。不久後，隨著西班牙從亞拉岡王國移交到西班牙王國（哈布斯堡家族（Habsburg）），拿坡里成為西班牙總督統治的附屬國。一七〇一～一七一四年，西班牙發生王位繼承戰爭，西班牙王室被波旁王室（Maison de Bourbon）取代，也就是說，扣除其他短暫政權，由西班牙統治南義的這種體制，仍一直持續到義大利完成國家統一（一八六一年）為止。

在西班牙的統治下，義大利諸侯和騎士的權利受壓制，都市自治也完全被抑制。擁有特權的外國人從事商業，宮廷的高級職位和王國的財政實務也被外國人獨占。大貴族、從西班牙來的王族、君王相互勾結，占有廣大領地，當地貴族也對西班牙國王發誓忠誠，並透過服兵役獲得特權。領主掠奪農民、當地人為外國人犧牲的結構也一直持續著。

此外，義大利北部、中部都市，也開始將毛織品等各種商品出口到拿坡里王國和西西里王國，同時進口以小麥為首的食物、原料。一般認為，義大利統一之後漸趨明顯的南北問題——「南方在經濟上從屬北方的結構」，從這個時期就已開始出現。在這種狀況下，南義的都市無法像第1章所見的那種北部、中部自治都市一樣得到充分發展。也無法形成北義那種以都市為中心，統治周圍鄉村腹地的城鄉關係。

西班牙統治使南義農民變窮困，對他們而言當然是不幸之事。但另一方面，來自新大陸的食材可以在第一時間抵達南義，以飲食文化的發展而言，也確實有好處。

辣椒的登場

和義大利麵有關的香料有兩類，一類是胡椒、肉桂等從古代、中世紀就使用的食材，另一類則是大航海時代新引進的食材。這些香料競相登場，成為未來義大利料理的寵兒。

辣椒（圖2-2）屬於新引進的香料，且地位特別重要。在現代義大利料理中，橄欖油香蒜義大利麵（使用大蒜、橄欖油、紅辣椒製作的義大利麵，是最基本的烹調方法）這道料理就不用說了，辣椒連同後面提到的番茄都是必備食材。

圖2-2　初期辣椒圖

兩者都是來自非洲大陸，於大航海時代引進。不過比起番茄，辣椒比較早融入義大利人的飲食習慣，在十六世紀便已普及。義大利以農民料理作為基本飲食，澱粉是主體，因此如果有這種麻麻的、刺激味覺的香料來提味，大家馬上就能接受！拿坡里的自然學者、劇作家吉安巴蒂斯塔．德拉．波爾塔（Giambattista della Porta），在元十六世紀末期如此斷言：「我們會儘量將辣椒當作調味料使用。因為它的味道可以使醬汁成為不可多得的高價物品。」

和胡椒不同，辣椒是容易種植的植物，在南義更是如此。所以引進後馬上開始種植，成為民眾每天使用的香料。至今，南義仍是重要的辣椒產地，人們也經常在料理中使用辣椒。

甜義大利麵和砂糖

這個時代也開始將砂糖用於義大利麵中。過去在沒有砂糖的時代，蜂蜜幾乎是唯一的甜味劑，所以非常珍貴。中世紀的時候，蜂蜜這種東西，要在蔥綠面紗覆蓋著的森林中，找尋野生蜜蜂群才能取得。養蜂業在不久後才開始出現，養蜂者主要是在北歐的森林中工作，由領主進行嚴格監視。

甘蔗種植方面，由穆斯林統治下的西西里島和賽普勒斯島等地，是較早積極種植的區域，同一時期，十字軍也將甘蔗種植和製糖技術傳入歐洲。但當時尚未普及，直到十六世紀之後，在西班牙領土加勒比海島嶼及葡萄牙人統治下的巴西開始進行大規模企業栽培，才出現大量消費的情況。所以砂糖在中世紀被視為藥品或香料，僅限貴族能使用。應該也只有貴族會奢侈地用於調味義大利麵吧！

第1章曾經介紹過科莫的馬蒂諾廚師，他在「西西里的通心粉」食譜中如此記述：「將這個放在小盤子中，再撒上分量充足的碎起司、生奶油、甜香料。」之後在整個近代，砂糖、肉桂連同起司一起成為義大利麵不可或缺的夥伴。十六世紀，梅西斯布戈的著作也經常指示宮廷宴會用的通心粉或細麵條要淋上蜂蜜和砂糖，而且在斯卡皮的食譜集中，幾乎所有義大利麵食譜，都記載著要撒上起司、砂糖和肉桂。

已經有史料顯示，十三世紀的神聖羅馬皇帝腓特烈二世（Friedrich II）最喜歡的就是「甜醬汁通心粉」。這個皇帝喜歡在義大利麵上撒大量砂糖。

除了砂糖、蜂蜜、肉桂、肉豆蔻等甜味香料，有錢人似乎還會加上生薑、番紅花、刺柏、孜然等香料。大量使用香料這種奢侈行為，也是高貴身分的標誌。窮人最多只能以起司將就一下。

如今，這種甜義大利麵在大家意想不到的地方留下痕跡。義大利文的「甜義大利麵」說法就是「通心粉」（maccheroni），而「maccheroni」一詞又演變為法文的「馬卡龍」（macarons），現在在日本百貨公司裡的西式點心店等商店，也經常看到其蹤跡，成為一種人氣點心的名字。

圖2-3　初期番茄圖

與番茄的相遇

隨著大航海時代來臨，義大利也引進了之前在歐洲大陸不曾見過的幾種蔬菜，並在飲食文化中確實扎根。特別要注意的是，有些蔬菜會和義大利麵一起搭配食用，甚至獲得現今義大利料理代表的地位。當中首屈一指的就是番茄。

番茄的原產地是南美洲安地斯山脈西側斜坡的祕魯和厄瓜多，之後再傳入中美洲。十六世紀前半，經由西班牙進入歐洲，原本是觀賞用的稀奇植物（圖2-3）。

一五五四年，有一艘西班牙帆船在義大利拿坡里進港，據說當時，番茄的種子也隨著其他物品一起進港。

番茄因為和顛茄、天仙子、風茄這些以毒性聞名的植物很相似，所以一開始被視為危險食物，大家幾乎都無法接受，但到了十七世紀，人們開始種植番茄，因其鮮豔顏色，所以種植於菜園、庭院和陽台以作為觀賞，或作為禮物贈送。在這當中，也有勇者對番茄有興趣，除了觀察其特性，同時打算嘗試味道。

先驅者就是西恩納的醫師彼得羅．安德烈．馬迪奧利（Pietro Andrea Mattioli）。一五五四年，他將這個「金蘋果」（pomi d'oro，義大利文的番茄之意）與另一種茄科植物茄子一起進行詳細觀察並發表論述，提出番茄可食用的建議。他推薦將番茄和橄欖油、胡椒、鹽一起加熱，再汆燙切成薄片，用橄欖油或奶油油炸後，以鹽、胡椒調味，而這個具有先見之明的烹調方法，就是之後的基本食譜。不過，不知道原因為何，十六世紀～十七世紀的廚師都不用這種作法，很少出現在食譜上。因此，關於茄汁誕生的經緯，將留到本章的最後再說明。

南瓜和義大利麵

除此之外，在大航海時代，義大利也引進了其他和義大利麵非常對味的蔬菜。當然，茄子、節瓜也開始被用作義大利麵的醬汁、素材，但以和義大利麵的緊密程度而言，能與番茄相提並論、值得一書的就是南瓜。南瓜的種類繁多，從太古開始，就存在於地球各處。在義大利，人們從羅馬時代就將南瓜視為有益健康的食物，有各種食用方式。從新大陸引進新種子後，義大利人對南瓜再度燃起興趣，在十六世紀初期吹起流行風潮。

而且從十五世紀末期的普拉提納（Platina）到十九世紀的阿圖西（將於第4章介紹），就像各種廚師食譜所寫到的那樣，都會將南瓜拿來做成義大利雜菜湯（minestra，放入蔬菜、豆類等材料的湯品）、塔（torta，塞入蔬菜和肉類的塔皮料理）、油炸甜甜圈（frittelle，在麵粉中加入砂糖、牛奶、雞蛋等材料，揉成麵團再油炸的點心），此外也會和肉類、起司或雞蛋一起料理，作法五花八門。

義大利東部波河流域地區，尤其在費拉拉地區，南瓜會做成各種講究的料理出現在餐桌上。據十六世紀的宮廷廚師（管家）梅西斯布戈和喬凡·巴提斯塔·羅塞蒂（Giovan Battista Rossetti）所記述的食譜，當時會在南瓜中放入切成碎肉的雉雞肉、雞肉，或塞入整隻鴿子做為填餡，也會反過來將南瓜以起司調味，作為餛飩（參照91頁）的材料，再將餛飩放在閹雞肉上。

史料中確實記載，早在一五八四年，費拉拉公爵埃斯特家族（Este）的餐桌上就已出現南瓜餛飩，而且十六世紀~十七世紀，對南瓜餛飩而言是一個劃時代時期。當時從美洲大陸引進各式各樣種類的南瓜，肯定也有廚師研發過加入南瓜的義大利麵。

將南瓜作為義大利麵食材，是一種革新的作法。南瓜同時為料理帶來了黃色色彩和甜味，是非常珍貴且方便的食材。在使用南瓜之前，為了增加餛飩的甜味，會使用砂糖、杏仁牛奶、杏仁等食材，但每一種都價格不菲。要添加料理的黃色色彩，雖然可以使用番紅花，但也非常昂貴，而源自美洲的南瓜突破了甜味和黃色這兩個難關。因此，曾經只有高級貴族才買得起的黃色甘甜餛飩，因為南瓜的登場，連下層階級的鄉下人都能入手。

雖然無法明確斷定時間點，但在義大利中東部波河流域地帶——曼圖阿和費拉拉地區，從宮廷到大街小巷都可見到南瓜餛飩的蹤影，先是被推廣為平安夜的節日料理，之後逐漸變成一整年都能吃到的地方名產料理。儘管如此，以整個義大利來說，南瓜於一般人的飲食中普及並扎根，還是相當晚的事情，是在十九世紀，甚至進入二十世紀，才真正融入百姓的飲食生活。

玉米和馬鈴薯

接下來談談穀物和薯類。玉米和馬鈴薯，對近代義大利麵的發展而言，同樣是不可或缺的食物。

首先是玉米。早在一四九三年，玉米就由哥倫布移植到歐洲，而且馬上適應了歐洲的環境。十六世紀初期，西班牙開始種植玉米，一五三〇年到一五四〇年，威內托等北義地區也開始種植。

玉米不僅能作為其他穀物的替代品，還可以作為飼料使用。它既可以種植於休耕地，也可以種植於農民的庭院自用。剛開始受偏見影響，人們普遍難以將玉米視為人類的食物，但十七世紀以後，這種偏見慢慢減少，在以黍、小米等雜糧為主食的生存條件嚴苛地區，玉米慢慢取代這些穀物。在北義部分地區，似乎特別普及。從十八世紀末期開始，好不容易在義大利北方和南方都擴大種植，下層階級民眾更開始食用玉米。

馬鈴薯也是新進作物之一。最初是西班牙人在一五三〇年代於新大陸發現，十六世紀末，透過西班牙引進歐洲各地。不過，當時只有英國人對其大加讚賞。

在義大利，馬鈴薯長期飽受懷疑眼光的情況比玉米還要嚴重，因為會讓人聯想到從中世紀就備受輕視的蕪菁和栗子。人們認為馬鈴薯有礙消化，在這兩百年間，充其量只是家畜的飼料。在十六世紀～十七世紀之間，雖然有赤足加爾默羅會*的修道士開始種植馬鈴薯，但只是作為豬飼料，農民在饑荒時也不打算食用。

馬鈴薯這種作物，不論土地多麼貧乏、氣候多麼嚴厲，都能頑強生長，但直到十八世紀之後，大眾才廣為接受其食用用途。促使大眾觀感產生轉變的原因，是十八世紀的嚴重饑荒。因為公權力和知識分子、土地所有者事先籌畫的政治宣傳效果，原先認為馬鈴薯是壞食物，連觸碰都拒絕的農民，終於在自己的田地種植，也開始端上餐桌。一八四〇年代，第一次出現大規模的普及種植，對養活日漸增加的人口帶來了貢獻。

*註：西班牙大德蘭修女於一五六二年重整並創立，強調苦修，因在酷寒的冬天也不穿襪子只穿涼鞋而得名。

與義大利麵有關的部分，則是將馬鈴薯作為「麵疙瘩」的材料，取代之前的麵粉和麵包粉，尤其逐漸成為北義義大利麵文化不可或缺之物。或者可以說情況是相反的，從馬鈴薯的組織特徵，就能明確知道馬鈴薯是可以細膩處理的食材，可以說正因為有人提議「麵疙瘩」這種義大利麵吃法，人們才開始廣泛接受馬鈴薯。

蕎麥

最後要介紹蕎麥。蕎麥不是從新大陸引進，而是來自北歐和東歐，十六世紀普及到北義。蕎麥在義大利普及，也是因為能用來製作義大利麵，其中代表就是「波倫塔」（polenta）。波倫塔是在穀物做成的麵粉中加入水或湯汁，長時間咕嚕咕嚕地燉煮，反覆攪拌熬製的料理。

這種灰色的波倫塔，和中世紀以來由黍製造的漂亮黃色波倫塔平分秋色，在玉米做成的黃色波倫塔出現之前，是北義的典型料理。在義大利國民作家亞歷山達羅・孟佐尼（Alessandro Manzoni）的小說《約婚夫婦》（*The Betrothed*）（以十七世紀為舞台背景）中，貧窮的多尼奧家族受飢荒折磨，一家人圍坐在餐桌旁，餐桌上唯一的食物就是這灰色波倫塔。當時的常見吃法，是在大盤子中盛滿波倫塔，再將波倫塔的正中央挖一個洞，將奶油溶進那個洞裡，從周圍敲碎波倫塔食用。

被掠奪的南義

現在說到義大利麵，最不可或缺的就是茄汁，而茄汁是誕生於十七世紀末期的拿坡里。

之前已經提過，從中世紀初期到近代為止，南義幾乎一直都由外國勢力所統治，接著在十六到十七世紀這兩百年間，拿坡里王國在政治上陷入極為黑暗的時期。

一四六九年，亞拉岡王國和卡斯提爾王國，因國王聯姻而合併，成為通稱的「西班牙王國」，一五一六年，兩位國王的孫子，繼承名門哈布斯堡家族血統的卡洛斯一世（Carlos I）即位成為西班牙國王。三年後，一五一九年，卡洛斯一世在神聖羅馬皇帝的選舉中，打敗法蘭西國王法蘭索瓦一世（François I），成為皇帝查理五世（Charles V）。如此一來，將中南美洲和菲律賓都納入殖民地的西班牙帝國正式成立了，然而，作為帝國政策支柱的西班牙王國，其財政赤字問題卻非常危險，而這個債務也轉移到拿坡里王國。

拿坡里王國離西班牙遙遠，被視為西班牙王國的「邊境鄉下」，由西班牙總督統治，而且官員幾乎都由外國人擔任，他們為了自己和西班牙利益，大肆掠奪南義的經濟資產。

拿坡里王國的確擁有中央集權的行政、裁判組織，資產很多。王國和教會有各種分化的政治組織，而操縱這種政治組織的官僚人數很龐大，他們周詳地決定各種手續費，以此作為收入來源。官吏、法律專家、律師、書記和地主一起作為支配階層，享受以華麗宮廷為中心的政治生活，謀取私利——儘管他們大多數人只有名譽上的職位。

另一方面，農民及都市勞工一直為貧困所苦。占人口大多數的他們不論經過多久依舊貧困不已，最終無法忍耐，決定發動叛亂。兩次的馬沙尼埃羅（Masaniello）叛亂（第一次在一五八四年，第二次在一六四七年）就是最好的例子，都是起因於食物不足和飢餓。

從食菜人到食麵人

在這個西班牙統治的王國首都，從西元十五世紀後半到十七世紀，人們一直食用大量青花菜或高麗菜等葉菜類、花菜類蔬菜，甚至被稱為「食菜人」（mangia foglia）。根據西元十六世紀末期，出身貴族的銀行家、知識分子，並以美術收藏家身分聞名的文森佐・朱斯蒂尼亞尼（Vincenzo Giustiniani）的觀察，據說拿坡里人普遍都非常喜歡葉菜類、花椰菜和水果，毫不節制地大量食用。菜園中除了普通高麗菜，到處種植青花菜、花椰菜、球芽甘藍、皺葉甘藍、捲心菜等各式各樣的高麗菜。這些蔬菜在任何季節都能吃到，汆燙後只要撒上些許鹽、胡椒和橄欖油，再擠點檸檬汁，就非常美味，無論是窮人還是有錢人，每天的餐桌上都少不了這些蔬菜。同時，拿坡里人並非只吃高麗菜，他們也吃很多肉類。

拿坡里人花了很長時間，才從蔬菜搭配肉類的飲食生活，轉變成以義大利麵為主的飲食生活。實際上，如同第1章所見，一六四七年發生馬沙尼埃羅叛亂之後，「細麵條（長條麵）」才在拿坡里的街頭巷尾流行普及，從那時開始，拿坡里人變成「食麵人」

（mangia maccheroni）。如前所述，當時所謂的「通心粉」，指的並非現在的通心粉，而是指所有義大利麵。因此，義大利麵好不容易成為貧窮民眾也多少能吃到的食物，上升到主食地位。也陸續出口到義大利各地和歐洲各國。

填飽拿坡里人肚子的營養食物

為什麼義大利麵會在十七世紀的拿坡里開始普及？十五世紀，拿坡里的人口約七萬五千人，十七世紀中期急增到四十萬人，之後重大疾病流行造成人口銳減，但在十八世紀末期又回復到四十萬人。從某個角度來說，義大利麵的普及是應對這種都市人口急增和營養不足的對策。

這是因為人口增加了，在肉類不足的情況下，就算義大利麵無法代替肉類，作為原料的粗粒麵粉中，也含有豐富的麩質、植物性蛋白質，而且撒上大量起司，添加動物性蛋白質和脂肪成分，就相當接近完全營養的食品。

和十七世紀後半的北義不同，當時北義因農業技術改良、引進灌溉設備，大幅提升了收成率；反觀南義的封建領主完全沒有進取精神，未曾致力於經營、改善土地。儘管如此，拿坡里——這個廣大王國的資源豐富農場——還是組成了集中所有食物、原料的機構。綜上所述，隨著北義的糧食產量提高，拿坡里輸往中義、北義各個都市的出口量減少，飢荒平息後，供給一般民眾的小麥和義大利麵數量得以增加。一七五八年的報告書顯示，這一年用於生產義大利麵的麵粉總量約一千一百三十二公噸，相當於每人一年平均用掉三十一磅，雖然只是稍微超越今日義大利人的平均數量，但想到當時拿坡里市民的貧窮程度，這情況還是很驚人。

於是慢慢地，當地製作的義大利麵占據了都市貧民階層餐點中的第一名，雖說是都市貧民，但這些貧民在經濟上多少有點餘裕。經過前述的那些十七世紀的經歷，拿坡里人再次將十六世紀中期被西西里人拿走的「食麵人」外號，拿回來冠在自己頭上。不光是南義，十七世紀～十八世紀的外國旅行者，也沒有漏掉義大麵滲透義大利各地、所有階層者的餐桌之景，將此全都記載下來。

總之，不論是中世紀的西西里，還是隨後在熱那亞開始普及，拿坡里和其文化都給近代義大利麵的普及帶來巨大影響。

從十八世紀開始，義大利麵在拿坡里就以最初的街頭食品之姿，於大街上的路邊攤，以大鍋子烹調販賣（圖2-4）。一開始沒有任何調味，或只以胡椒和起司粉調味，

圖2-4　拿坡里路邊攤販售的長條麵

拿坡里人再以指尖靈巧地夾起麵條來食用。店家旁邊經常堆放著滿滿削好的起司。一七八七年五月二十九日，文豪歌德在《義大利遊記》（*Italian Journey*）中，記述了拿坡里所有種類的通心粉都很便宜，而且到處可見。

技術革新和波奇尼拉

技術革新也有助義大利麵在拿坡里普及。因為在十八世紀後半開始的工業革命中，發明了以蒸氣及電力操控的攪拌機和壓製機。

促成製麵機器化的，是兩西西里王國的國王費迪南多二世（Ferdinando II，一八三〇年～一八五九年在位），他委託了技師切薩雷・斯帕達奇尼（Cesare Spadaccini）製造機器。斯帕

圖2-5　波奇尼拉和義大利麵

達奇尼成功研發出來後，寫了一份報告書，但這個機器並沒有立刻普及開來。之後因為技術革新改良了機器，才終於開始普及，因而能做出比過去便宜很多的義大利麵。然後，隨著機器化的大量生產，即使是下層人民也能隨時取得義大利麵，換句話說，義大利麵開始成為勞工的代表性食物。

話說回來，在拿坡里文化中，有一號人物象徵著貧窮又悲慘的貧民，那就是小丑波奇尼拉（Pulcinella）（圖2-5）。這位波奇尼拉總是餓著肚子。在十八世紀，尤其是十九世紀之後的拿坡里喜劇，「通心粉」總是和波奇尼拉一同出現。因為總是餓肚子的波奇尼拉的夢想，就是通心粉吃到飽。他在各式各樣的喜劇中，講述了嚮往吃到通心粉的心情。例如以下的對話：

「可愛的波奇尼拉，你說你夢到什麼？」戀人克拉麗絲問道。

「在夢中，出現了裝有通心粉的大盤子，上面還擺著肉丸。我伸手夾住通心粉和肉丸，調整成合適的位置，轉動手臂，讓它慢慢掉入我的嘴裡……」波奇尼拉答道。

茄汁的誕生

那麼，回到番茄的話題。之前提到，大航海時代傳入歐洲的新食材之一就是番茄，但將這個食材重新改造成義大利風味，使其變身為適合搭配義大利麵醬汁的則是拿坡里人。很明顯地，這指的就是「茄汁」的發明。

這件事發生在十七世紀末期。拿坡里有一位往來馬切拉塔和羅馬、為高位神職人員和都市貴族服務的廚師安東尼歐．拉丁尼（Antonio Latini），透過他食譜中的「西班牙風味茄汁」，總算是為日後成功製造出茄汁，邁出相當大的一步。茄汁的作法是將成熟的番茄放在炭火上烘烤，小心去皮，用刀子切碎，然後和切碎的洋蔥、胡椒、地椒或青椒等配料一起攪拌添加味道，再以鹽、油和醋調味。後來食譜中去掉地椒，在義大利料理中大獲成功，而且茄汁可以作為保存食品，為番茄的用途帶來光明前程。

拉丁尼建議大家將茄汁淋在水煮肉上食用，此後，拿坡里相繼出現費盡心思研究茄汁搭配的廚師。十八世紀後半，義大利麵和番茄緊密結合，拿坡里成為義大利的義大利麵產業中心。十九世紀初期，小販開始四處販賣茄汁。博恩維奇諾公爵伊波利托．卡瓦拉坎提（Ippolito Cavalcanti）在《烹飪理論與實務》（*Cucina teorico-pratica*）（一八三九年出版）一書中刊載了「茄汁細麵條」的食譜，這是文獻上第一次出現茄汁和義大利麵結合的記載。之後，人們大量且不斷使用這個醬汁，義大利人開始迷上了這個味道，消費量直線上升。

各地的醬汁

不只宮廷的菁英分子費盡心思研究各種醬汁，一般庶民也從十七世紀末期開始，利用當地食材，努力製作各地風味醬汁。舉例來說，在艾米利亞地區，利用栗子粉做出來的Maltagliati（切成菱形或變形四角形的義大利麵），在調味上，人們喜歡用以胡桃醬或瑞可塔起司為基底做出來的醬汁來搭配這種麵食。在皮埃蒙特地區，以家禽內臟作為基底的醬汁，或是用羊肉製作的義式燉肉醬（將肉類和魚肉切碎燉煮出來的醬汁）非常普及。其他還有各種醬汁，第4章介紹地方料理時，會稍微補充說明。

總之，「香辣茄醬」或是「橄欖油香蒜」這種辛辣義大利麵是近幾百年才登場。

因為大航海時代前沒有辣椒，所以這是當然的。大航海時代前的調味，總之是以起司為主，而今天廣為流傳的番茄義大利麵，如同之前所說，是在十八世紀後半才出現，十九世紀二〇年代形成固定食譜。關於各個地區的義大利麵特色，請參照１０５頁開始的專欄介紹。

第 3 章

窮人的夢和菁英分子的考究

貴族的豪華宴會

中世紀的農民生活

義大利麵與義大利國土、義大利國民，有著密不可分的關係，就如同我們從第1章到第2章，從古代到近代，結合歷史潮流所觀察到的情況一樣。

提到形成義大利文化的主要人物，或許各位腦海中浮現的，是人稱社會「菁英分子」的階層，但關於飲食文化，菁英分子之外的大多數「平民」力量，也有非常大的影響力。因為在義大利能夠吃到的大部分食物，都是這些平民的食物，而且和飲食結合的生活方式或生活智慧，總體來說都是平民反覆琢磨而來的。我認為菁英分子是在此基礎上加以精緻化，使其更加考究，從而發展出更豐富的飲食文化。在這個章節，我們就透過具體觀察平民和菁英分子雙方的人物形象和餐桌風景，一窺義大利麵這種「料理」逐漸完成的樣貌吧。

在第1章我們已經知道，和今日一樣，在烹調階段與水結合的義大利麵出現在中世紀。義大利麵在義大利誕生，在中世紀開始普及，在此，我們要先掌握此時期「平民（農民）」和「領主」間關係的相關知識。

整個中世紀，農民始終服從於擁有土地的領主。農民分為佃農和農奴，佃農保有自己農地，農奴沒有人身自由、在領主直營地被迫工作。前者是向領主租借土地的租地人，代價是要繳納租稅。租稅一般是按規定好的比例，繳交每個莊園的二分之一或三分之一的實物收成（如小麥、葡萄酒）作為地租。他們同時要耕作自己租借來的土地，還要無償負擔領主直營地賦役（圖3-1）。頻率是一週一天或兩天，但有時也會視季節集中進行。此外，農民為了磨製麵粉，要用到以水車操作的石磨，為了烘烤麵包，要用到麵包窯，這些都必須向領主支付相當大筆的租金（金錢，或小麥和鹽），因為擁有石磨和麵包窯是領主的特權。

中世紀農村就是這樣一個有明確身分差別的社會。在食物方面也一樣，農民和領主不同，不能吃自己喜歡的食物。即使是自己栽種的小麥，也是要支付給領

圖3-1　領主的城堡與在農場工作的農民

主的地租，或是拿去市場上販賣。農民很少吃到只以小麥為製作原料的白麵包，入口的都是混合其他雜糧製成的麵包。蘋果、桃子和梨子等水果都是奢侈品，即使在果園種植這些水果，也是獻給領主的供品，而且也很少吃到肉類等食物。

日常飲食中的雜糧

小麥曾是古羅馬文化的穀物代表，但在環境嚴峻的北歐，小麥的收成很不穩定。另一方面，七世紀～十世紀，人們開始種植過去不屑一顧的雜糧（大麥、燕麥、斯佩耳特小麥、裸麥、稗子、黍、小米和玉米等等）。不只是北方，在氣候比較得天獨厚的南義也不例外。這是因為發生了下述情況。

如同第1章所見，中世紀初期的義

圖3-2　在寒冷地區和貧瘠土地也能發育成長的裸麥收成

大利，在倫巴底為首的日耳曼人的統治下，耕地不斷減少，取而代之的是荒地、森林、牧場和沼澤地的增加。這種情況導致農業倒退，需要集約化勞動的小麥栽培逐漸衰退。另一方面，人們開始種植在嚴峻氣候和貧瘠土壤下也能生長的雜糧，和源自北方的裸麥一起成為大眾的主食（圖3-2）。尤其在北義的波河流域地區，雜糧像廣大草原一樣生長。

圖3-3　pappa al pomodoro，加入番茄、羅勒、橄欖油等食材的麵包粥

直到中世紀盛期到中世紀後期，森林採伐、開墾、排水開墾工程都進行得很順利，小麥的種植才又逐漸變多，但請大家記住一件事，這種以雜糧為主的穀物，在義大利庶民飲食中扮演了極為重要的角色。

填補小麥缺口的雜糧，多數會做成麵包，比只用小麥做成的白麵包再黑一點。混合裸麥、大麥、燕麥等食材做成的混合麵包（黑麵包），主要是在農村製作。雜糧除了混在麵包當中，還會作為配料，加入義大利雜菜湯（放入蔬菜、豆類等食材的湯品）、**zuppa**（將麵包加入湯裡或配著吃的湯品）、湯藥、**pappa**（加入番茄、羅勒、橄欖油等食材的麵包粥，圖3-3）中。

貴族能隨時吃到小麥，農民卻不行，因此他們不得不將貴族視為下賤食物、不屑一顧的雜糧和豆類當作日常食物。但從長遠來看，這件事對於義大利變成義大利麵之國是有所貢獻的。

義大利麵的原型——義大利雜菜湯

之所以這樣說，是因為一般認為，這些雜糧成為農民日常食物中的湯品材料，為後世大眾喜愛義大利麵一事鋪了路。貧窮農民的主食除了混合麵包，還有為了增加香味而放入一點鹹肉片的蔬菜雜燴湯。在這種湯品中，經常使用豆類、高麗菜、洋蔥、根莖類蔬菜（蘿蔔、胡蘿蔔、蕪菁、蔥）等食材，有時也會放入香料植物（蝦夷蔥、香芹、蕁麻、百里香、鼠尾草）。只要滴上一些牛奶、奶油、胡椒、橄欖油等，就能做出非常美味的湯品，加入碎片麵包也很美味。一般認為，中世紀農民做的這種雜燴湯，是現代義大利「義大利雜菜湯」的前身。義大利雜菜湯當中，尤其將放了充足材料的稱為「義式蔬菜濃湯」（minestrone，圖3-4）。

以我的觀點來看，義大利麵和義大利雜菜湯這兩種料理是比鄰的關係，或後者包覆前者的關係。在現今義大利料理的體系，義大利雜菜湯和義大利麵當然分類在不一樣的領域，但在套餐料理中，兩者是一樣的夥伴，都屬於接在前菜後面的「第一盤」（primo piatto）。此外，這兩種料理還有許多共同點，比如說都是由穀類和蔬菜構成、都是比起油脂，更常與水（湯汁）結合的食物，比作為第二盤（secondo piatto，主菜）的肉類或魚類料理還便宜、屬於庶民料理、口感佳容易食用、幫助消化且富含營養等等。

圖3-4　義式蔬菜濃湯

如第1章所述，近代以前的義大利麵和現在不同，通常會煮到口感非常柔軟才食用，而且煮好後為了避免水分流失，會將義大利麵放入湯品或高湯中。此外，主流吃法就是將義大利麵和燙麵的湯汁放在一起，做成pasta in brodo（義大利湯麵）再端上餐桌。如果把義大利麵視為一種配料，pasta in brodo不就等於雜菜湯嗎？兩者的延續性很明顯。

義大利麵在中世紀登場，但真正普及是在近代，不過「原始義大利麵」卻早已普及。直到義大利麵登上國民美食這個寶座之前，和混合麵包一樣都是民眾主食，以雜糧、豆類、蔬菜為主的雜燴湯（義大利雜菜湯），在某種意義上，就是義大利麵的先鋒。

和領主階層、貴族相比，中世紀義大利農民身分低下、飲食生活也很貧乏，卻費盡心思熬煮義大利雜菜湯，並將其視為身體能量的來源。這些農民從附近鄰居、親友或旅人口中得知「義大利麵」這種食物，嘗試製作後，發現這和以往的日常食物「義大利雜菜湯」有很多共通要素，而且滋味、口感絕妙，不難想像他們會立刻開心接受這種食物。這種情況不只發生在農民身上，十二世紀以後的一般都市民眾應該也是一樣。沒錯，義大利麵就是從義大利民眾之間開始普及。當然，貴族不久後也注意到這個食物的美味，開始將其納入宮廷菜單中。

大胃王諾德的故事

義大利麵從民眾之間開始普及，而且很受民眾喜愛，但義大利麵並沒有馬上成為能隨意買到的日常食物。有個有趣故事能證明這種情況。十四世紀後半，在佛羅倫斯作家法蘭柯・薩奇蒂（Franco Sacchetti）的故事集《故事三百篇》（*Novelle*）中，有許多關於食物的故事，令人覺得非常有趣。在這當中，有一篇故事就以「義大利麵」為主題。

來介紹一下《故事三百篇》中的第一百二十四篇──

諾德・丹德雷這名男性今日也依然健在，他飯量非常大，就算食物很燙，也毫不介意。他將食物吞進喉嚨深處時，就像食物滾落井底一樣。寫下這則軼事的我，應該也是證人吧。（中略）

他只要一有機會和人吃飯共享食物，就會向神明祈禱食物熱到令人燙傷。因為他企圖連對方那份餐點都吃下肚。當滾燙的紅酒燉洋梨端出來時，他只給對方留下空空如也的餐盤，讓對方完全無法期待能吃到其他食物。

有一次，諾德和幾個人一起用餐，並和一位非常有趣，名叫喬凡尼・卡西歐的男性共享肉類拼盤。結果店員居然湊巧地端出看起來真的會令人燙傷的熱騰騰通心粉。關於諾德的事蹟，喬凡尼聽過不只一次，當他知道要和諾德共享午餐，忍不住自言自語：「啊！真是倒楣！本來打算來吃午餐，卻變成要眼睜睜看諾德狼吞虎嚥地掃空食物。而且很不幸的，上桌的還是通心粉！但只要他不要連我也吃掉就算了吧。」

諾德將通心粉沾滿醬汁，一圈一圈地攪拌，狼吞虎嚥地吞下肚。喬凡尼雖然用叉子卷了第一口，但是看著熱騰騰的蒸氣冒出，他不敢下口，而此時諾德已經吞下六口了。要是不設法想出別的方法，這道料理整個就是迦百農*。換句話說，喬凡尼認為麵會全部進入諾德口中，於是他想：「即使如此，也不要讓這個男人貪婪享用所有我分配到的食物！」

於是諾德剛拿了一口麵，他也拿一口麵往地上丟，打算把麵給狗吃。他一連做了數次後，諾德開口：「哎呀！你到底在幹嘛？」

喬凡尼答道：「你才在做什麼呢？我不想讓你連我的份都吃掉，與其這樣，我還不如餵給狗吃。」

諾德笑了一下便加快速度。於是喬凡尼也加快速度，繼續丟給狗吃。

最後諾德開口：「夠了夠了。我們慢慢享用吧，不要再丟給狗了。」

對方回答：「那麼從現在起，你每吃一口，我就有權利吃兩口，除了當作是你至今吃掉所有食物的代價，也是因為我到現在連一口都還沒吃到。」

諾德提出抗議，所以喬凡尼又說：「如果我吃了兩口，你卻吃超過一口，我就把自己的份丟給狗吧。」

最後諾德同意了，接下來他必須節制少吃一點。這是他人生至今第一次出現的情況，而且也從來沒有遇過能在餐桌上制止自己的人。

比起那天早上端上桌的所有料理，這個插曲更受所有用餐者歡迎。就這樣，不顧一切貪吃的男人，迫於這個高招不得不讓步，總算能心平氣和地進食。

諾德．丹德雷的確是意志堅定的大胃王，但這次似乎被智者駁倒了。

義大利麵的用餐禮儀

據說故事中的諾德有一種特殊能力，他能一瞬間吞下沸騰般的熱騰騰通心粉。這裡所說的「通心粉」，具體是什麼形狀不清楚，但總之是生麵的一種，可能是長麵吧。

仔細回顧一下就會發現，喬凡尼和諾德之所以爭奪食物，是因為兩人是分享木製

＊註：被耶穌詛咒的巴勒斯坦城鎮，在此意指「混亂和災難」。

圖3-5　中世紀的用餐禮儀，是使用同一個盤子和刀子吃東西，還未出現叉子

「肉類拼盤」*的「搭檔」。換句話說，不是一人各有一個分裝的盤子，而是圍桌相對而坐的兩人共用一個大盤子，從盤子中分別取出肉類、義大利麵或蔬菜，一起親密分享食物。由此可見，當時有這種兩人一組的用餐禮儀（圖3-5）。

此外，雖然雙方一起共享拼盤，但諾德猛撲食物，吞食散發出蒸氣、彷彿沸騰般的通心粉，據說在他狼吞虎嚥六口的過程中，喬凡尼就被熱騰騰的蒸氣鎮住了，連一口也沒有用「叉子」（forchetta）叉來吃。請注意在此出現的「叉子」。現今西洋料理是用叉子吃的，大家都覺得很正常吧，但在中世紀以前，每個人都是用手抓東西來吃。

之前已經介紹過，義大利麵在拿坡里作為街頭食物販售時，人們都以手指夾麵條食用，但除了拿坡里，許多地方用手抓東西吃的情況，也一直持續到近代（圖3-6）。

在這當中，「叉子」很早就在托斯卡尼登場。叉子在西元十一世紀從拜占庭傳到西方，和刀子一起作為分切肉類和麵包的工具使用，但很少用來「將料理送到嘴邊」。正是為了便於食用義大利麵，人們才研究出叉子的新用途，從這個觀點來看，義大利麵的確是促進餐具發展的食物。

圖3-6　用手抓義大利麵吃的小孩

總之，這個故事暗示著，在十四世紀的中義托斯卡尼地區，大家已經很常吃義大利麵。「義大利麵」現今也成為義大利人的代名詞，不過和很早就開始食用的發祥地——「南義」（拿坡里、西西里）不同，北義是在乾燥麵普及的近代之後，才稀鬆平常地食用義大利麵。

＊註：tagliere，義大利文的「tagliere」原指「砧板」，在此指放在砧板上的肉類拼盤。

的確，生麵是在中世紀的北義開始製作，尤其是以生麵做成義大利餃的傳統一直持續至今，但要普及到成為一般市民、農民餐桌上的「主食」程度，是很久以後的事情。在這之前，北義的主食除了麵包，就是馬鈴薯、玉米以及米。與此相比，中義的托斯卡尼應該很早就普及了。

儘管如此，若要問義大利麵在托斯卡尼是否普及到「任何人都能隨意享用」的程度，答案似乎是否定的。在薩奇蒂所寫的故事中，從角色人物互相爭奪食物這件事來看，能推測義大利麵不能算是那麼常見的豪華料理。

烏托邦國度

彷彿要印證前述說法一樣，在義大利文學中，義大利麵作為「烏托邦國度」的夢幻食物登場。所謂的「烏托邦國度」，就是中世紀末期開始廣為人知，反映人們願望的想像中的烏托邦「安樂鄉」（圖3-7）。人們相信烏托邦位於地球某個遙遠偏僻之處，人們在那裡過著理想的生活——一整年全是節日，禁止工作；食物和飲料不是烤魚就是烤鴨，葡萄酒遍流成河，只要在郊外散步，這些東西就會自然呈現在眼前，只要張開嘴，所有美味食物就會飛入嘴中。甚至還能「住在」肉類、魚類、打獵抓到的飛禽走獸或蛋糕等食物「裡面」。在這個烏托邦，氣候穩定溫暖，而且為了提升舒適生活，所有東西都是大家共同擁有，沒有爭論也沒有敵意。在這裡有能夠返老還童的泉水，男女享受性自由，能任意挑選美麗衣物，睡覺時能賺錢……

雖然幾乎無人相信這個「烏托邦國度」實際存在，但這種故事還是在整個歐洲流傳了許多世紀。夢想世界裡，沒有每天生活中所嚐盡的辛勞和不安，總是令人忍不住心生嚮往。

圖3-7　老彼得．勃魯蓋爾（Pieter Bruegel the Elder）的〈安樂鄉〉（烏托邦國度）

《十日談》中的義大利麵天堂

有趣的是，依國家、地區的不同，「烏托邦國度」的面貌也各不相同。義大利的典型烏托邦國度，在喬凡尼・薄伽丘（Giovanni Boccaccio）的《十日談》（*Decameron*）第八天第三話登場，當中描繪著義大利風格的烏托邦。

一般認為，這個烏托邦位於跨越法國和西班牙國境的巴斯克地區，有大量最上等的葡萄酒遍流成河，滋潤附近一帶，葡萄樹上繫著香腸，整座山由磨碎的帕瑪森起司組成。人們在山頂唯一的工作，就是製作通心粉（在此是指像麵疙瘩一樣的麵食）和方餃，再以閹雞燉煮的高湯煮熟。據說將這些麵食朝山下丟，在山麓的每個人都能吃得飽飽的。和葡萄酒一樣，義大利麵更被視為令人嚮往的食物，這果然很有義大利風格啊。

另一方面，在貴族和富裕市民當中，似乎也有對義大利麵情有獨衷的愛好者，想將義大利麵作為主菜。西元十五世紀初期，喬凡尼・賽坎比（Giovanni Sercambi）所寫的《故事集》（*Novelle*）第五十八話中，出現了下述故事。富裕商人皮耶羅・索屋蘭茲沒有給出嫁的三個女兒很多錢，反而拜託她們每個月分別輪流和自己吃飯。雖然實現了在女兒家用餐的心願，但么女跟父親抱怨：「我先生說，他已經無法忍受爸爸這樣每天都吃義大利麵了。」此外，第一百四十三話，在熱那亞的有錢人吉拉迪諾・斯皮諾拉的故事中，則描繪著太太讓非常喜歡義大利麵的先生每天吃下含有安眠藥的義大利麵，再趁先生睡覺時外遇。

綜上所述，對中世紀到近代的義大利人而言，所謂「樂園」最重要的必要條件，似乎就是能隨心所欲地吃義大利麵。雖然民眾開始以義大利麵為「主食」，但並非每天都能吃義大利麵吃到飽，因為畢竟原料是珍貴的麵粉，而且義大利麵煮起來費時費力。對於貧困、沒有空閒時間又要工作的人們而言，總不能將勞動力全部用在料理上，因此人們的基本食物仍舊是麵包、義大利雜菜湯、蔬菜，和一點鹹肉，如果沒有一些慶祝祭祀的機會（節日慶典），應該很難吃到義大利麵。

甚至在一開始的起源地「西西里」，義大利麵都是價格昂貴的奢侈品。在十六世紀中期的西西里亞，通心粉和千層麵的價格竟然是麵包的三倍。即使到了十七世紀末期，對農民、一般市民而言，餐桌上出現義大利麵也能算是幸福喜事之一。

菁英分子的貢獻

到此為止，我們介紹過中世紀義大利大眾料理代表「義大利雜菜湯」是如何成為義大利麵的溫床，義大利麵即使作為庶民料理曾有普及跡象，卻由於其原料是昂貴的小麥，所以長久以來對大眾來說一直是夢幻料理，這些情況在之前的文章中也提過。

那麼，菁英分子為義大利麵帶來什麼？在此思考一下這個問題吧！

原本在中世紀，飲食體系就和身分差別相對應，農民以穀類、豆類、蔬菜和起司等乳製品為主食，相對於此，貴族不吃那種低賤食物，並且認為能夠吃肉類（和白麵包）吃到飽就是一種身分地位的象徵。然而，此時還不太講究「烹調技術」，也沒有多樣化的料理。

但是，從中世紀末期到文藝復興時期，當廚師開始在教宗和王侯居住的宮廷大顯身手，愈來愈多人會花心思研究烹調方法，而且在食材使用上，也未必所有人都討厭農民的主食。廚師藉由烹調技術，開拓了將相同素材變身高級料理的方法。這些事都發生在文藝復興時期到巴洛克時期。

宮廷和文藝復興

在此簡單介紹一般所說的文藝復興時期歷史（巴洛克時期歷史請參照本章節末段）。義大利半島在中世紀末期分裂成許多小的城邦，在十五世紀～十六世紀，這些城邦集結變大，逐漸變成與今天的「大區」*1相同大小的領土國家。以政治體制來說，自治體（自治都市）則是讓位給「僭主政治」*2。

這些領主一從皇帝或教宗手中獲得封建稱號，就變成正式的「君主國」。米蘭的維斯康提家族（Visconti）、曼圖阿的貢扎加家族（Gonzaga）、費拉拉的埃斯特家族、佛羅倫斯的麥第奇家族（Medici）等都成為君主，在中心都市打造華麗宮廷，朝臣聚集在一起，而教宗宮廷也發揮了同樣作用。宮廷是當時政治和文化的中心，也聚集了藝術家和學者。

---

*註 1：regione，此為義大利文的「行政區」之意。

*註 2：signoria，是一種君主制的變體。不透過世襲、傳統或是合法民主選舉程序，憑藉個人的聲望與影響力，獲得權力，來統治城邦的統治者，這樣的統治者被稱為僭主。

這種君主成為「資助者」保護了學者和藝術家。而將人類置於世界和歷史中心，融合語言文獻學和市民道德的「人文主義」運動也因此蓬勃發展。在藝術領域，也促成非以神為中心，而是以人為中心的文藝復興藝術開花結果。在此同時也重新發現古典古代的文獻和文化，並帶來各種科學和技術的一大進步。

綜上所述，義大利在十五世紀領先其他國家，產生了從中世紀倫理、封建政治和社會體制都很活躍的「文藝復興」。這時代確實非常充實且優雅。然而，不能忘記的是，這種文化恩惠並沒有擴及到所有人身上，仍有大多數人被限制自由，光為了吃就精疲力盡，痛苦不已。

每個國家都有相似的料理

不過，菁英分子承擔優雅且超脫世俗的宮廷文化，以他們的方式為義大利飲食文化做出貢獻。義大利的飲食文化出乎意料地保守，即使文化的其他領域不停進化，也有很難改變的面向。可以說義大利即使進入文藝復興時代，在大範圍地區，仍持續留有之前中世紀的飲食傳統。這種情況不只侷限於義大利，如果環視歐洲人的餐桌，會發現此時還沒有各國料理這種說法，即使有根據氣候風土不同而產生食材上的差異，但不論在哪個國家，都有類似的料理，這一點相當顯著。這種中世紀的「料理國際主義」規範力，很難衰退、消失。

在當今許多國家，只要拿出一點錢，世界上任何珍饈佳餚都能吃得到，彷彿夢想世界一般，所以很難想像到這種情況。但所謂的「料理」，是近幾十年才在自然和社會兩者的各種限制中製作出來享用的。

這種飲食的保守性，可說不只侷限於義大利一國，而是國際普遍的。在中世紀，因為基督教的禁慾教義，以及遵照教會曆法禁止肉食等各種限制下，變得更加嚴格。此外，由於貴族與高位神職人員四處拓展跨越國境的國際人脈和姻親關係，使這種以「身分、階級決定飲食」的現象更強化了飲食的保守性。當然不是每個地區都沒有變化，但這是附屬現象，很長一段時期沒有像是「法國料理」和「德國料理」這樣的說法。

儘管如此，如果仔細去體會研究可說是表現菁英分子文化力證言的料理書，就會發現，隨著時代變遷，義大利創作出來的書籍食譜中的「義大利風味」特質逐漸變明確了。這些也能從接下來要介紹的幾位主要廚師，將「義大利麵」納入宮廷菜單的情況獲得證實。

馬蒂諾、斯卡皮和拉丁尼的食譜

義大利飲食里程碑中特別重要的，就是已經登場好幾次，由科莫的馬蒂諾所寫的食譜集《烹飪的藝術》（*Libro de arte coquinaria*）。馬蒂諾為阿奎萊亞（Aquileia）宗主教盧多維科（Ludovico）服務，是十五世紀中期的羅馬廚師。他被後世名廚尊為大師，也是近年來備受學術界關注的熱門人物。

與以往的料理書相比，這本書有許多創新之處，本身的結構編排也頗具革命性。「肉」、「高湯、義大利雜菜湯和義大利麵」、「醬汁和調味料」、「塔」、「蛋和歐姆蛋」、「魚」……書中就像這樣依照各個食材和烹調方法區分章節，並明確指示「食譜是幾人份？」「材料分量是多少？」「所有料理過程的所需時間是多久？」以現在的角度可能會覺得很正常，但在當時來說是劃時代的一件事。

哪個食材用哪種烹調方法（煮、烤或油炸等等）比較好，都和理由一起分類、指示出來，有意識地書寫食材和烹調方法的搭配組合。關於義大利麵方面，則如同第1章所說的，在食譜中舉了「細麵條」、「西西里的通心粉」、「羅馬的通心粉」這三種義大利麵。

到了十六世紀，義大利的料理書在數量和食譜的考究程度上，都遠超其他國家。這個時代的食譜集作者，就是為義大利城邦的君主、教宗、樞機主教服務的管家和廚師。

巴托洛梅歐．斯卡皮，是教宗聖庇護五世（Pius V）的廚師，他在一五七〇年發行食譜集《Opera》，當中刊登大量食譜，展現了明顯的革新跡象。歷史上首位將義大利麵載入食譜集的，就是這位斯卡皮。尤其是使用麵團製作的料理食譜，多達兩百三十種，除了用烤爐烘烤的塔皮點心、派、甜甜圈、蛋糕類，還列舉了最初的義大利麵（小餛飩、寬扁麵、方餃等等）。而且斯卡皮在這本書中，也刊載了製作義大利麵各種必要道具的插圖（圖3-8）。

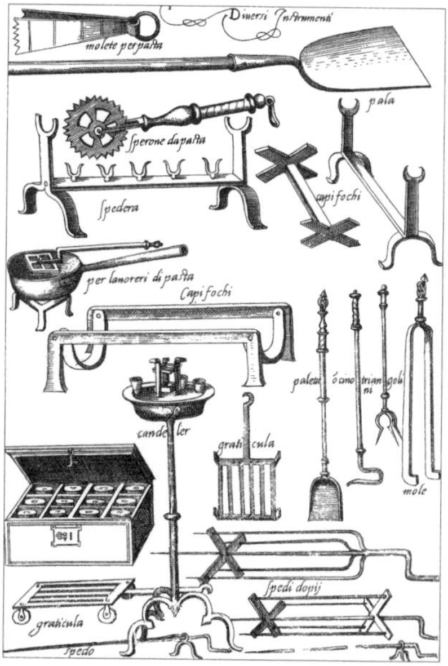

圖3-8　斯卡皮的料理書《Opera》所描繪的義大利麵烹調用具

拿坡里的安東尼歐．拉丁尼（參照64頁）以茄汁誕生功勞者揚名，他也在十七世紀末期集結過往的料理書，出版了《現代管家》（*Lo Scalco alla Moderna*），其第二部分的內容就是「齋日的料理」，當中也彙整了與義大利麵相關的章節。

高貴的義大利餃

在前一章介紹的「義大利餃」也以宮廷料理之姿慢慢進化。義大利餃很重視設計性，所以從十六世紀到十七世紀，宮廷廚師都為此絞盡腦汁。

舉例來說，除了斯卡皮之外，為十六世紀埃斯特家族服務，施展才能的宮廷廚師（管家）梅西斯布戈，就打算以義大利餃實現幻想極限，研究了各種作法，之後在十八世紀初期，托斯卡尼的高登齊奧（**Gaudenzio**）等眾多廚師，也費盡心思寫了有關小餛飩的食譜。

製作「義大利餃」費時費力，使用的材料也很昂貴，是傳統上的奢侈料理。所以即便是現在，普通義大利麵作為日常食物，義大利餃則在祭典或紀念儀式這種特殊時機出現的「角色分工」，也依舊殘存於各地，但義大利餃被視為珍貴料理，也和君侯所處的宮廷有關。

圖3-9　方餃（ravioli）

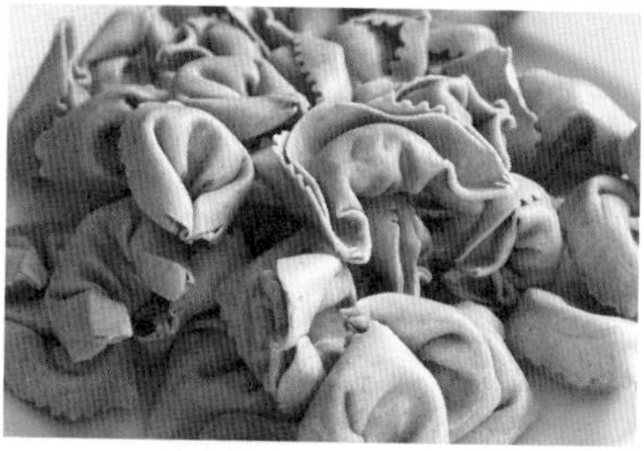

圖3-10　小餛飩（tortellini）

從十二、十三世紀開始，似乎每個地方製作方餃（將餡料夾在兩片四角形麵皮中的義大利麵，圖3-9）和小餛飩（將餡料包在一片麵皮中的半圓形義大利麵，圖3-10）時，在填餡部分都會選擇蔬菜、肉類和起司等食材，並研究各種變化。波隆那的小餛飩、雷焦艾米利亞（Reggio nell'Emilia）的帽子餃（cappelletti）、利古里亞的大肚餃（pansotti）、皮埃蒙特的半月餃（agnolotti），曼圖阿的agnoloni和餛飩、貝爾加莫（Bergamo）的義大利餛飩（casonsei），以及克雷莫納（Cremona）的義式肉餡餃子（marubini）等等，都是每個地方引以為傲的特色料理，十五世紀，方餃和餛飩收錄到所有義大利料理書中，開始普及為高級料理，從十六世紀開始，又因梅西斯布戈和斯卡皮的功勞，在貴族和資產階級之間更加大受歡迎。

配菜和套餐

在此深入瞭解一下，菁英分子如何看待義大利麵？前面我們看到，法蘭柯．薩奇蒂和薄伽丘故事中介紹的那種清晰的民眾面貌——將「夢幻食物」義大利麵視為唯一最頂級的奢侈料理，大口吞食義大利麵。相對於此，宮廷廚師的食譜，換言之在貴族的飲食習慣中，其實一直是將義大利麵視為「配菜」。

首先，十三世紀末期～十四世紀初期，在拿坡里的《料理之書》中，「熱那亞風味義大利麵」這道食譜就暗示著雞、雞蛋以及任何種類的義大利麵，都會和肉類一起端上餐桌，而且斯卡皮也舉出義大利麵作為配菜的食譜例子，例如放上千層麵的水煮雞肉、放上羅馬風味通心粉的水煮鴨肉、放上拿坡里風味通心粉的當地水煮母雞肉、放上帶餡義大利餃子（anolini）的倫巴底風味填餡水煮鵝肉。

還有一種情況，就是相對於用一道料理解決一餐的民眾，貴族將義大利麵視為套餐餐點中的一道料理，這也是那個時代的潮流。現在義大利料理的前菜、第一盤、第二盤和甜點這種「套餐」模式，是在十九世紀中期之後定型的，從文藝復興時期到巴洛克時期，用各種奢侈套餐打造的宴會，就是由宮廷廚師、管家去企劃、準備和實行。

今天，義大利套餐通常是一人一整套，照順序端出固定料理。但在當時，通常是一次把各種不同料理同時端上桌。並會按照「食品儲藏室料理」（前菜、沙拉、甜點等冷菜）及「廚房烹煮料理」（肉和魚類的燒烤、燉煮料理、炸物）的先後順序，端出種類、數量皆多不勝數的餐點，一次宴會中往往會反覆數次上菜。宴會賓客能從餐桌上琳瑯滿目的料理中，品嘗任何一種自己喜歡的食物。

用於表演的料理

從文藝復興時期到巴洛克時期，大約十五世紀到十七世紀時，各地君主（領主）熱衷於在富麗宮廷中舉辦各種華麗表演，以期讓賓客大吃一驚。這是為了透過壯觀表演顯擺君主的富有和度量。換句話說，君主試圖告誡所有人，在政治和文化上，只有自己握有主導權。

在就職儀式、結婚典禮、騎馬比武耍槍比賽、歡迎顯貴的儀式等場合都可看到壯觀的演出場面，在這當中，宴會是最核心的。在洋溢清澈響亮笛音與琅琅清脆歌聲的房間中、以錦緞包覆的珍貴家具與豪華織錦掛飾、以與眾不同的螺旋樣式裝飾的皮革製品、餐桌上有大型燭台與金銀、水晶餐具、以砂糖製作的古代神話出場人物像、餐具櫃中大量的銀製品……所有東西都燦爛奪目、閃閃發光（圖3-11）。

當時的宴會是集結各種藝術的「舞台」，只有被選中的人能參加。「管家」全權處理所有事情，執行魔術般的禮儀。當然，料理也不是普通份量，巨大肉塊經常以完整形狀相繼送上餐桌。管家不但要考慮宴會的菜單，也會在整體表演上費盡心思。

圖3-11　16世紀的宮廷華麗宴會，餐點隨著吹奏喇叭的聲音相繼送上餐桌

和飢餓、疾病的鬥爭

然而，因為這種表面美觀的華麗，濫用強權的君主和打算占便宜的寄生地主橫行，許多市民、農民成為他們的犧牲品，掙扎於貧困之中。

如同已提過數次的情況，從十二、十三世紀開始，義大利麵在南義就已不是那麼稀奇的食物，托斯卡尼等地區則是於十五世紀開始普及。另一方面，若觀察整個義大利，由小麥製成的義大利麵，對庶民而言畢竟是一種「奢侈品」，這種食物真的每天出現在餐桌上，是在很後期的時代。

即使沒有提到中世紀以前的情況，從十六世紀後半開始的兩百年間，飢餓也折磨著義大利人民，沉重地壓在大部分人身上。食物不足是由各種原因造成的。無法確保街道安全，盜賊橫行的情況也成為擾亂食物補給的要素，而且戰爭和內亂也阻礙補給路徑，導致食物危機。佃農契約總是對地主有利，經常發生佃農欠缺衣食的情況。飢餓不只帶來政治混亂和騷動，也成為疾病蔓延的原因。

北義在一五九〇年～一五九三年發生歉收，造成政治和社會混亂及盜賊橫行，而且一六三〇年～一六三二年嚴重疾病襲擊半島，更讓北義遭受嚴重損害。舉例來說，米蘭人口損失了五〇％、曼圖阿損失七十七％，克雷莫納損失六十三％。此外，一六五六年～一六五七年，疾病又再度蔓延，而且這次南邊也受到嚴重損害，拿坡里損失了大量人口。

引進生產性高的玉米，為飢荒解了套。玉米雖然在大航海時代登場，但長期不受大眾接受，十七世紀～十八世紀農民瀕臨前所未有的嚴峻食物危機後，終於同意在自家田地種植玉米，後來便慢慢普及。總之這些玉米雖然一開始是農民自用，但不久後就取代其他穀物，在十八世紀末期變得非常普及。

巴洛克：光和影的時代

在十六世紀～十七世紀由西班牙統治的義大利，看起來再怎麼輝煌，仍舊是從屬於外國。這是個苦難的時代，經濟面臨危機，社會沉滯不振，大大落後在大西洋蓬勃活躍的其他歐洲各國。一般公認的說法，是義大利在文學和思想上沒有值得一看的東西，只有為了王侯打造的建築美術綻放光芒。

但是，也有歷史學家讚揚，一五五〇年～一六五〇年對義大利而言並非衰敗時代，不如說是將其文化精華傳遞至其他歐洲各國的「偉大的一百年」。

其實義大利在這個時代中，持續量產偉大建築和繪畫，在展露嫻熟工匠技巧的金屬加工小規模作品中，也有很優秀的產品。而且包含人文主義文化、音樂，以及通俗劇的「文化體系」，從義大利傳到其他歐洲各國，特別是傳到法國後，由當地人民獨自領會玩味，展開了全新發展。一般認為，從文藝復興後期到巴洛克時期，正是義大利的黃金時代，文化光源在四面八方燦爛閃耀著。此外，也有人提出以下說法：「當時的義大利，因異端和魔女嫌疑而遭受拷問和焚刑的人數，和其他北方國家相比之下少了許多，是一個非常自由的國家。」

這個時代的義大利史評價就如上述一樣分歧很大。但如果從飲食文化面來觀察，一般認為，這個時代的貴族確實努力將包含義大利麵在內的農民、大眾料理，變成更考究的資產階級料理，為此準備、進行反覆試驗。

不過，全國國民開始享受這種「義大利料理」，是在義大利擺脫外國桎梏、自由獨立組成國民國家之際，換句話說，要等到十九世紀後半，更正式的說法，是要等到二十世紀後半。這個話題就留到之後的章節再討論。

第4章

地方名產義大利麵和國家的形成

義大利王國第一任國王，維克多．伊曼紐2世
（Vittorio Emanuele II）

作為特別料理的義大利麵

觀察義大利麵的歷史，讓人印象深刻的是，在食品規格不統一，也尚未進展到機器化社會的近代以前，大家會親手製作或用非常簡單的工具製作義大利麵，而且各個地區、城市、村鎮、階級或家庭，都會費盡心思製作義大利麵的醬汁和配菜。如此一來，才能做出適合當地風土，活用地方食材的自產自銷料理。的確有許多種類的義大利麵，以地區特有食物之姿經年累月地傳承下來，而且有趣的是，有時明明是相同的義大利麵，但根據地區的不同，「名稱」就完全不一樣。

此外，在很常一段時間內義大利麵這種料理並不是每天食用的日常食物，對多數民眾而言，是珍貴的特別料理。正因為有這種歷史，義大利麵才會和各個地區或城市的「祭祀儀式」、「活動」結合在一起。在義大利農村，大家會在收成和播種等農活時期享用義大利麵，除此之外，在聖誕節、狂歡節、復活節、萬聖節等各式各樣妝點基督教曆法的國定假日，或結婚典禮和葬禮等家族重要活動，也會準備義大利麵作為特別料理。義大利麵裡面要不要放肉？使用的是長麵？短麵？還是義大利餃？是空心義大利麵或實心義大利麵？這些情況都是根據每個慶祝祭祀儀式和活動的意義來決定。有趣的是，從不同地域的總體傾向來看，南義在慶祝祭祀時，使用的是短麵和寬義大利麵；相對於此，北義的宗教慶祝祭祀活動和重要宴會，則是以義大利餃為主角。

義大利麵的形狀和名稱

義大利麵的形狀有無數種，每個地區都有各自的特色。此外，不同形狀的麵要搭配相應的醬汁，兩者之間有密不可分的關係，對義大利麵愛好者來說，這應該不用多說吧。當然，以近年的工業化設計來看，確實販售了許多種類的乾燥麵。

義大利麵的名稱也是我想要提出來討論的問題。現狀是，有許多義大利麵的名稱語源不詳。外觀完全相同的義大利麵，在各個地區以不同的名字來稱呼，而且大家對稱呼的堅持令人吃驚。舉例來說，像義式烏龍麵（pici，托斯卡尼、圖4-1）、翁布里亞粗麵（Umbricelli，翁布里亞）、

圖4-1　托斯卡尼的特色麵PICI

噎死麵（strozzapreti，羅曼尼亞）、圓粗麵（bigoli，威內托、倫巴底）之類的，幾乎都是相同的極粗長麵，但在各個地區使用的名稱完全不同。此外，拿坡里人將長條麵稱為「細麵條」（vermicelli）。在利古里亞則將寬扁麵稱為「picagge」，但在其他地區，也會稱為「緞帶麵」（fettuccine）、「stracciamyusu」、「lasagnette」、「losange」等名稱。

不可思議的是，明明是相同的義大利麵，但名稱不同，吃起來就像在吃不一樣的東西。我們在餐桌上用餐時，也將「語言」連同食物一起吃進了肚子裡。所以隨著品嘗到不同「名稱」的義大利麵，吃起來的心情、氣氛也會不同。而且即使是相同的義大利麵，其名稱和各個地區居民的生活記憶也緊密結合，所以無法輕率更改。

南北料理的特色

義大利是地域主義色彩濃厚的國家，各個地區的歷史、風土、氣候和植被各有差異，毫無疑問地，這個差異也產生出各種不同的義大利麵。義大利是長靴形半島，南北狹長，四周被海包圍，北邊有阿爾卑斯山脈，亞平寧山脈則縱貫半島南北，整體地勢高低不平、起伏激烈，所以風景和氣候也變化多端。在這樣氣候風土和地勢有極大差異的義大利半島各地，每個地方都有當地才能捕獲採收的海鮮類、肉類、飛禽走獸、蔬菜、穀物、起司，或菌類、水果和堅果，而這些都會出現在居民的餐桌上。

除了自然條件，前文所述的歷史差異，同樣也會造成料理的變化，其中以外國的影響尤為顯著。南義受到伊斯蘭文化和西班牙的影響，而北方的特倫蒂諾—上阿迪傑（Trentino Alto Adige）地區，則深受德國、奧地利和斯拉夫的影響。此外，在倫巴底地區，瑞士、奧地利、法國、西班牙，或威尼斯等地造成的影響非常強烈，而且皮埃蒙特的料理還增添了法式料理的講究。

十七世紀，已逐漸出現強調這種地區差異的導覽書。而且現在的觀光指南書也延續了這種導覽書的傳統。

鐘樓主義*的代表選手

每個地方的海產、山產和野味都不一樣，各地當然就會有以地方食材製作的獨特

*註：鐘樓主義（Campanilismo），指一個人終其一生都不願意離開家附近的「鐘樓」，象徵著一種認同感、自豪感和屬於出生地的感覺。

義大利麵。義大利麵是鐘樓主義（誇耀自己的家鄉）的代表選手，義大利麵的形狀、醬汁、人們對名稱的堅持，都和各個地方、城市，村落的歷史和地理有關。這種驕傲和自豪，有時也會變成貶低其他地區義大利麵的情況，經常可以聽到「北方那些吃麵疙瘩的人是沒用的傢伙」、「南方的傢伙有番茄味」這類評語。

在義大利，義大利麵有粗略的流派，而流派中心就是地方的大都市。具體而言，熱那亞、波隆那、拿坡里、巴勒摩等城市，自古就以義大利麵流派中心廣為人知。造成流派差異的，是小麥、水和氣候，而這些因素也使烹調技術、義大利麵的形狀、香料、醬汁、呈現方式產生各種差異。

地方中心都市所生產的義大利麵在全國廣為人知的原因正是如此，但如果試著前往當地探訪，就會對近鄰的小城市、村落，各自發展出來的多樣化義大利麵驚訝不已。而且這種地區內的小規模差異，對居民而言也很重要，是無法讓步的事情。

專欄

義大利各大區的名產義大利麵

倫巴底大區
特倫蒂諾－上
阿迪傑大區
阿歐斯塔谷大區
奧斯塔
波札諾
特倫特
佛里烏利－威尼
斯朱利亞大區
米蘭
杜林
皮埃蒙特大區
的里雅斯特
威尼斯
威內托大區
波隆那
熱那亞
艾米利亞－羅
曼尼亞大區
佛羅倫斯
利古里亞大區
安科納
托斯卡尼大區
佩魯賈
馬爾凱大區
阿布魯佐大區
拉奎拉
莫利塞大區
翁布里亞大區
羅馬
坎波巴索
巴里
拉齊奧大區
拿坡里
普利亞大區
波坦察
坎帕尼亞大區
卡尼亞里
巴西利卡塔大區
薩丁尼亞大區
卡坦扎羅
巴勒摩
卡拉布里亞大區
西西里大區

【南部地區、島嶼地區】

●卡拉布里亞大區

在南義，珍貴且手工製作的生麵備受重視，而且各式各樣的種類也令人引以為傲。醬汁的特徵在於會撒上卡拉布里亞生產的辛辣辣椒，或撒上裡面含有辣椒的「辣香腸」（'Nduja）。在基督升天日有食用「lagane col latte」的習慣，這是將屬於生麵的緞帶麵以牛奶烹調的一種麵食。

●普利亞大區

耳垂形的「貓耳朵」（orecchiette）非常有名（圖4-2）。貓耳朵有各式各樣的種類，舉例來說，有名為「pachoche」或「波恰喀」（pociacche）這種大貓耳朵，以及福賈諾（Foggiano）的「強卡雷勒」（chiancarelle）和巴里的「小強卡雷勒」（piccole chiancarelle）這種小貓耳朵，另外還有「pesutasere」這種中央沒有凹陷的貓耳朵。

圖4-2　貓耳朵（orecchiette）

●巴西利卡塔大區

這個地區的義大利麵，幾乎不使用雞蛋，只以麵粉和水製作。和卡拉布里亞一樣，會使用大量辣椒。除此之外，還有名為「pasta a mischirio」的獨特義大利麵，這是使用鷹嘴豆、大麥、粗粒麵粉、蠶豆等豆類和穀類麵粉製成的麵食。

●坎帕尼亞大區（拿坡里）

以日常義大利麵來說，在拿坡里處理長條麵（spaghetti，但在此地稱為「vermicelli」或「maccheroni」）時，一般會簡單撒上白起司再食用。新郎麵（ziti）也非常有名，這是直徑五～六公釐、光滑且空心的長麵，也有切割後像通心粉一樣的麵條。這種空心義大利麵一定要和義式燉肉醬搭配，這是當地的老規矩。

●西西里大區

維護各地固有傳統，即使距離很近、彼此差異很大的義大利麵也是一種「典型」。舉例來說，阿格里真托（Agrigento）的「紅醬水管麵」（makkahrunedi con salsa rossa e melanzane），就是將番茄泥和茄子作為通心粉的配料再食用的義大利麵。代表拉古薩（Ragusa）的義大利麵，則是「蠶豆濃湯煮通心粉」（rigatoncini con mac maccu di fave），其特徵是使用味道濃郁且滑順的蠶豆奶油。在敘拉古（Siracusa），「敘拉古油炸義大利麵」（pasta fritta alla siracusana）這道義大利麵非常出名，作法是將天使細麵（capellini）水煮後，裹上雞蛋和麵包粉去油炸，再淋上由蜂蜜和柳橙汁製成的熱醬汁。巴勒摩的代表是「沙丁魚義大利麵」，墨西拿（Messina）則是「切塊劍旗魚義大利麵」。

●薩丁尼亞大區

從古代就開始製作的傳統義大利麵當中，有一種名為「肥犢麵」（malloreddus）的義大利麵。這是以麵粉製作，形狀宛如麵疙瘩的麵食。會在麵團中加入番紅花一起攪拌，使麵團變成黃色，再將麵團放在篩子或鋸齒狀圖案的板子上，滾動按壓出紋路。還有「珍珠麵」（fregula，圖4-3），是一種極小顆粒的義大利麵，常做成湯麵或燉菜的配菜。「絲網麵」（filindeu）是很細的長麵，會將這種

圖4-3　珍珠麵（fregula）

麵條縱橫交錯，做成像是精緻蕾絲編織的麵食。

【中部地區】

●拉齊奧大區

義大利麵的種類非常多，即便只是「吸管麵」（bucatini），也有長度、厚度不同、數量眾多的種類。在齋日經常會用到細扁麵（linguine）和鷹嘴豆製作的義大利雜菜湯。此外，在聖誕節經常食用的「nochata」，是以牛奶、砂糖、檸檬皮和肉桂調味的筆管麵（penne）。

●阿布魯佐大區、莫利塞大區

代表阿布魯佐和莫利塞的義大利麵是一種名為「琴弦麵」（chitarra，意為吉他）的長麵，這是以同名的義大利麵製麵機製作的麵食。這種製麵機就是將細長鐵絲像豎琴琴弦一樣，以數公釐的間隔固定在長方形的山毛櫸木框中。琴弦麵和小羊肉做成的義式燉肉醬非常對味。

●馬爾凱大區

最有名的就是名為「將軍千層麵」（vincisgrassi）的義大利麵，一直都是適合慶祝祭祀的珍貴料理。這種片狀義大利麵和千層麵類似，作法很複雜，在麵團中加入瑪薩拉酒和葡萄酒，再搭配白醬或豬肉熬煮的義式燉肉醬等醬汁。也經常會加入雞、小羊、小牛的內臟、骨髓和松露。「maccheroncini」是非常細的麵條，也是天使細麵的一種，非常有名。

●翁布里亞大區

翁布里亞的義大利麵通常只以小麥和水製作。生麵種類很豐富，以「翁布里亞粗麵」這種粗的長條麵為代表，還有一種形狀如同小鰻魚，名為「cirio」的義大利麵也很有名。傳統上會在萬聖節、聖誕夜食用的通心粉，這種麵食則是以牛奶、蜂蜜、麵包粉和鹽來調味。

●托斯卡尼大區

在托斯卡尼的幾個地區，有個習俗是會在小麥收割時期，製作加入極細長麵

「天使髮絲麵」（capelli d'angelo）的湯麵。其他代表性的義大利麵則有「特寬麵」（pappardelle），這是寬幅的緞帶狀義大利麵。還有一種像烏龍麵一樣的極粗義大利麵「義式烏龍麵」（pici），會搭配鴨肉、鵝肉或山豬肉等肉類製成的義式燉肉醬一起食用。

【北部地區】

●艾米利亞—羅曼尼亞大區

義大利餃的種類非常豐富，形狀和餡料也千變萬化，令人覺得已經達到幻想極限的地步。在艾米利亞地區，最適合在聖誕夜食用的義大利麵就是「turlo」，這是用瑞可塔起司、香芹和帕瑪森起司作為填餡（沒有包肉）的餛飩（參照90頁）。此外，直到最近仍有在小孩誕生時食用麵疙瘩的習慣。

●佛里烏利—威尼斯朱利亞大區

十七世紀之後，許多地區曾受飢餓所苦，但後來因為引進玉米而得救。人們花費各種心思製作玉米波倫塔食用。除了波倫塔，麵疙瘩的種類也很多，在食材（馬鈴薯、南瓜、肝臟）、形狀、和調味（奶油、砂糖、肉桂、梅乾）上都很豐富多元。

●威內托大區

這個地區的代表義大利麵之一就是「圓粗麵」（參照102頁），尤其會在聖誕夜和耶穌受難日，淋上以鯷魚為基底的醬汁來食用。在維羅納（Verona），則會在狂歡節供奉麵疙瘩，舉辦麵疙瘩祭典。

●特倫蒂諾－上阿迪傑大區

在上阿迪傑和特倫蒂諾的北部，用馬鈴薯製作的「馬鈴薯丸子」（canederli）廣受大眾喜愛。這是一種大型麵疙瘩，將馬鈴薯壓碎，撒上鹽巴，再和麵粉、雞蛋一起攪拌做成，在裡面會放入梅乾，或和溶化的奶油、瑞可塔起司一起食用。在特倫蒂諾地區，馬鈴薯做成的波倫塔也是特產之一。

●利古里亞大區

雖然此區宣稱是方餃（圖3-9）的誕生地，但除此之外，「特菲麵」（trofie，將麵粉做成的麵疙瘩捲成細長形狀的麵食，圖4-4）和「fedelini」這種細長義大利麵也非常有名。此外，「聖誕通心粉」（natalin）是指斜切圓筒形短麵，如名稱所示，這是聖誕節的典型料理（Natale為義大利文的「聖誕節」之意）。

●倫巴底大區

這個地區的特有義大利麵，除了在聖誕夜食用的曼圖阿風味南瓜「餛飩」，還有克雷莫納的「義式肉餡餃子」、瓦爾泰利納（Valtellina）的「義式蕎麥麵」（pizzoccheri，以蕎麥粉製成的義大利麵）等等。

●皮埃蒙特大區、阿歐斯塔谷大區

在皮埃蒙特地區，生麵和義大利餃的種類都很豐富，尤其是「半月餃」的種類非常多。「tajarin」這種細長且

圖4-4　特菲麵（trofie）

加入雞蛋的生麵，從十五世紀後開始普及，在祭典時，會將這種義大利麵和雞內臟製作的義式燉肉醬、蘑菇或松露醬汁一起搭配食用。阿歐斯塔谷地區的波倫塔和麵疙瘩的種類都很豐富，會以風提納起司（fontina cheese）及其他當地生產的起司調味。

地方料理的形成

如果沒有前往當地，就很難吃到上述專欄所介紹的各地自豪的各種義大利麵。但不論在北義或南義，到處都能吃到的標準義大利麵在近代之後就已登場。

舉例來說，拿坡里及波隆那附近，原本屬於某個地區的特產義大利麵，已經成為現在義大利料理的「基本款」，任何地方都能吃得到，不只是義大利國內，還流通於全世界。長條麵淋上茄汁、馬鈴薯製成的麵疙瘩等料理就是這種情況。形成這種情況的原因是什麼？此外，在整個義大利登場的這種「基本款」，和上述的地域主義和地區鐘樓主義，又有怎樣的關係？

今居民自豪的「地方料理」是何時形成的？我們先來思考一下這個問題。

其實，大眾很早就開始關注各地特色料理。舉例來說，身為醫師也是文學家的歐提西歐．蘭多（Ortensio Lando）就在其著作《各種義大利名產》（一五四八年）中詳細記述了各地名產，在這當中也列舉了食物和葡萄酒。簡直就像是近代各國各種名產的先鋒。

同時，對各地宮廷的廚師而言，漸漸萌發自己正在創造該地飲食文化的自豪感，這也是事實。拿坡里的料理書作者初次定義的南部飲食文化遺產，就是這種例子。舉例來說，喬凡．巴提斯塔．克里斯奇（Giovan Battista Crisci）這位貴族在一六三四年，於拿坡里整理了《朝臣的油燈》一書，書中收集了一整年各個時期的各種菜單。此外，一六九二年～一六九四年，同樣在拿坡里出版，由之前提過的安東尼歐．拉丁尼所寫的《現代管家》一書，就非常努力地想介紹他所在地區的飲食文化，如「自己屬於什麼樣的文化？屬於哪個地區？」

統一國家的成立和地方名產義大利麵

然而，這些廚師的地方料理介紹，不能說是正式定義了「地方料理」。直到十九世紀末期，阿圖西完成「義大利料理」之際，地方料理才得以確立，這部分接下來會詳細介紹。

思考過後就會覺得這很正常，因為有國家才會有地方，將國家料理作為參考框架，才能定義地方料理的特性。

回想一下就能發現，從中世紀之後，義大利有很長一段時間，「都市」就是所謂的「國家」（城邦）。都市各為一個國家，在政治、經濟、文化、宗教等所有領域，都由都市中心統治周圍的農村，所以在料理方面，各個城邦內也分為都會風料理和農村風料理。

統一國家形成，各個地區終於開始將自己和同一個國家內的其他地區相比，這種地方意識一高漲，在飲食文化上也會意識到獨特性，開始對家鄉食物特別有感情。此外，「義大利料理」這種整體框架、輪廓明確後，就能將各種料理對應到各地充滿個性的地理、風土上，也能進行比較，這也是事實。

那麼，義大利是如何成為統一國家的呢？

成為他國犧牲品的義大利

我們已經知道十六世紀～十七世紀的南義，是由西班牙統治，這個時代的北義也已不復中世紀、文藝復興時期作為自由城邦的輝煌鼎盛，失去獨立地位，持續受到其他國家的統治。

法蘭西國王十分渴望統治義大利，路易十二（Louis XII）從斯福爾扎家族（House of Sforza）手中奪取米蘭公國，但之後法蘭索瓦一世繼位法蘭西國王，他和既是西班牙國王也是神聖羅馬帝國皇帝的查理五世，因義大利霸權問題，展開義大利戰爭（一五二一年～一五四四年）。經過幾十年的勢力鬥爭，兩國終於在一五五九年締結的《卡托－康布雷齊和約》。條約規定，法蘭西至今擁有的拿坡里王國、西西里王國、薩丁尼亞王國再加上米蘭公國、托斯卡尼沿海地帶（警備國家），都由西班牙哈布斯堡王朝直接統治。

之後法蘭西、奧地利和西班牙三國，仍以義大利為目標，持續角逐競爭，西班牙王位繼承戰爭後所締結的《烏得勒支和約》（一七一三年），將義大利的米蘭公國、拿坡里王國、薩丁尼亞島等地區，從西班牙轉讓給奧地利的哈布斯堡家族。由奧地利統治義大利的局面更加明朗。

之後又發生波蘭王位繼承戰爭，一七三五年，《維也納條約》締結後，就由西班牙系的波旁家族唐．卡洛斯（Don Carlos）取得拿坡里和西西里，由卡洛七世（Carlo VII）擔任統治者。另一方面，一七三七年，前洛林公爵，也就是瑪麗亞．特蕾莎（Maria Theresia）的先生法蘭茲一世（Franz I）取得托斯卡尼大公國，其死後則由兒子利奧波德二世（Leopold II）繼位。

拿破崙的登場

當義大利淪為各個國家犧牲品，一七八九年展開的法國大革命和拿破崙的登場，也為義大利帶來巨大影響和希望。

一七九六年，法蘭西督政府為了牽制奧地利*1，派遣拿破崙擔任遠征義大利的司令官。後來拿破崙短暫回國，發動霧月政變*2，成為第一執政，又於一八〇〇年五月再次進入義大利，打敗奧地利軍隊，隨後建立共和國和王國，其中大多納入法蘭西帝國版圖。義大利王國和拿坡里王國雖未被併吞，但實際上也受拿破崙控制。只有西西里和薩丁尼亞免受法蘭西統治。

拿破崙在法蘭西的統治地，引進以法蘭西為模範的各種制度，採用集權官僚制，改革司法和行政機構，廢止國內關稅，統一度量衡和廢止封建制度等等，這一系列改革大大促進這些地區的社會和政治體制邁向近代化。

不過，一八一五年拿破崙最後失權，根據維也納會議的規定，義大利的領土又歸還給在拿破崙之前統治義大利的各國勢力手上（圖4-5）。即使如此，也留下某種程度的制度改革成果，有助推動義大利的近代化。

義大利統一運動的流程

一八二〇年代，義大利各地成立了許多秘密結社，策畫全新的統一策略。舉

*註1：一七九三～一八一五年，英國、俄羅斯、奧地利等歐洲各國為了對抗法國，結成反法同盟。

*註2：一七九九年，拿破崙謀畫的奪權計畫，迫使督政辭職，驅散立法議會成員，組成執政府，掌控法國。事件發生於法國共和曆霧月十八日。

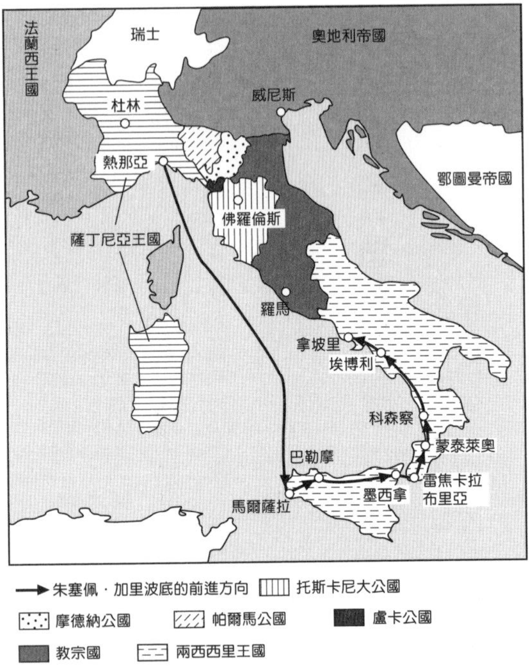

圖4-5　維也納會議後的歐洲和義大利的統一

例來說，朱塞佩・馬志尼（Giuseppe Mazzini）等人組織了「青年義大利黨」，目標是「以民族統一和共和自由打造國民主權國家」，展開了激進的革命。這些革命失敗後，愛國知識分子提倡更溫和的革新主義，部分政治家也開始遊說外國勢力（拿破崙三世等等）介入，以促進改革。

從這個時期到義大利統一為止，以義大利近代化為目標的改革活動，稱為「義大利統一運動」（Risorgimento，此為義大利文的『復興』之意），但這個運動並非只以國家統一為主要著眼點，而是在政治、社會、經濟、文化等所有方面，打算改善義大利落後的狀況。十八世紀，啟蒙思想風靡歐洲各國，以此為基礎的各種改革、法國大革命，以及拿破崙統治義大利時推行的改革，都促進了義大利統一運動的進行，在推動這個運動的過程中，義大利逐漸湧出一股意識——義大利要更好，唯有「國家統一」這個最佳、最終手段。

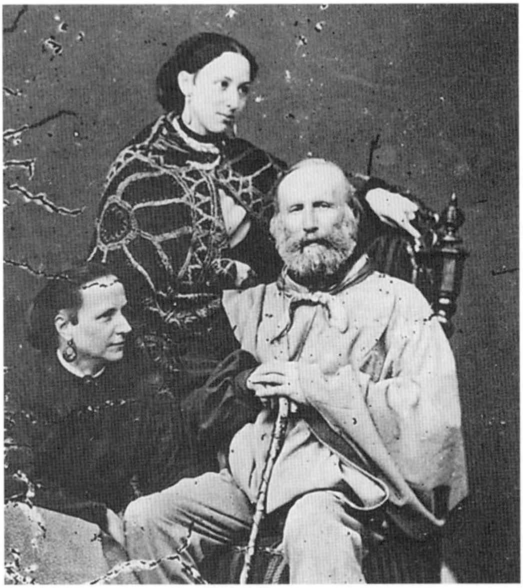
圖4-6　和家人在一起的加里波底

一八四八年是整個歐洲發生許多鬥爭的一年，而義大利的愛國者也努力想要鞏固、擴展地位。愛國趨勢慢慢提高，加里波底（**Giuseppe Garibaldi**，圖4-6）組織的千人遠征軍（紅衫軍）開始活躍。

在這種狀況下，義大利西北部的薩丁尼亞王國，在過去雖然是由貴族和教會統治的保守國家，但在一八四八年～一八四九年的革命後，搖身一變成為推進自由主義改革的國家。而且薩丁尼亞王國在義大利也是唯一一個確實發揮憲法和議會機能的國家。

薩丁尼亞國王維克多・伊曼紐二世（Vittorio Emanuele II，參照本章章名頁）是一位開明的國王，和首相加富爾（Cavour）、拉馬爾莫拉（La Marmora）一起大力推進自由主義改革。許多其他地區的政治家流亡至此，對義大利的未來展開政治議論，針對解放和統一方法提出各種計畫。實際作法就是透過武力和交涉將從外國解放的各個地區和薩丁尼亞王國合併，藉此完成統一，這是最有可能實現的方案。

薩丁尼亞王國合併了北部到中部的義大利，但整個義大利的統一，並未提到具體日程。一口氣加快統一速度的，就是加里波底的行動（參照120頁的圖4-5）。

一八六〇年五月五日晚上，加里波底和千人志願軍組成的紅衫軍，一起搭乘兩艘船從熱那亞出發，前往西西里的馬爾薩拉港。登陸後他們打贏了與波旁軍的戰爭並解放西西里，隨後紅衫軍便從該地北向前往拿坡里，解放所有土地，在九月七日無血攻城拿下拿坡里。然後加里波底將自己的征服地「奉獻」給南下攻進拿坡里的維克多・伊曼紐二世。

順帶一提，據說加里波底解放拿坡里時，曾高聲宣言：「諸君！正因為有通心粉，我們才能統一義大利。」

義大利的統一和國民意識

然而，自北向南的統一方式，為之後的義大利政治帶來難題，那就是「南北問題」。國家統一，實際上是由北方征服南方，在政治和社會方面，南方都從屬於北方，這是十九世紀後半到二十世紀義大利的基本國情。國家扶植北部的重工業，捨棄南部的農業和小規模產業。被放棄的南部留下封建習慣，失業、犯罪、怠惰、奴隸從屬的情況在受壓制的農民和都市勞工之間蔓延開來，最後成為了國家的重擔。

總之，在加里波底和維克多．伊曼紐二世的活躍帶領下，藉由薩丁尼亞王國擴大的形式，實現了義大利的統一〔除了奧地利統治的東北部威內托、屬於羅馬教宗國領土被法國人占領的拉齊奧（羅馬）之外〕。一八六一年，義大利王國建立，第一代首相就是長年擔任薩丁尼亞王國首相的加富爾。

剩下的威內托和拉齊奧，也分別於一八六六年和一八七〇年完成統一，羅馬成為首都，獨立國家義大利誕生。

不過，因為建國伊始，最當務之急就是統一王國內的行政制度和法律，所以沒有致力解決文化面和生活面的問題。義大利各地的居民，也全都尚未「意識到自己是義大利人」。即便形式上統一了，分裂地區還是主張各自的獨特性，南部和北部，都市和農村，貴族、資產階級和農民，政府和市民……這些價值觀和利害關係的對立很難解除。

所以，義大利統一後，必須要統一整合國民，換句話說，必須要培養「義大利人」的國民意識。這要透過文化來實現，而非戰爭和革命那種暴力。除了語言文化，「飲食文化」也發揮了巨大作用。

「義大利料理之父」阿圖西

阿圖西就活躍在這個時代，他以劃時代料理書《料理的科學和吃得好的藝術》（*La scienza in cucina elárte di mangiar bene*）一書廣為人知（圖4-7）。一八二〇年，他出生於義大利北部羅曼尼亞地區的福林波波利（Forlimpopoli）城鎮，是一家食品店的兒子。阿圖西從寄宿學校畢業後回到家裡，直到三十歲都埋首於書籍和食物雜貨中，同時幫忙父親的工作。一八五一年，強盜集團襲擊了阿圖西居住的城鎮，阿圖西一家也受

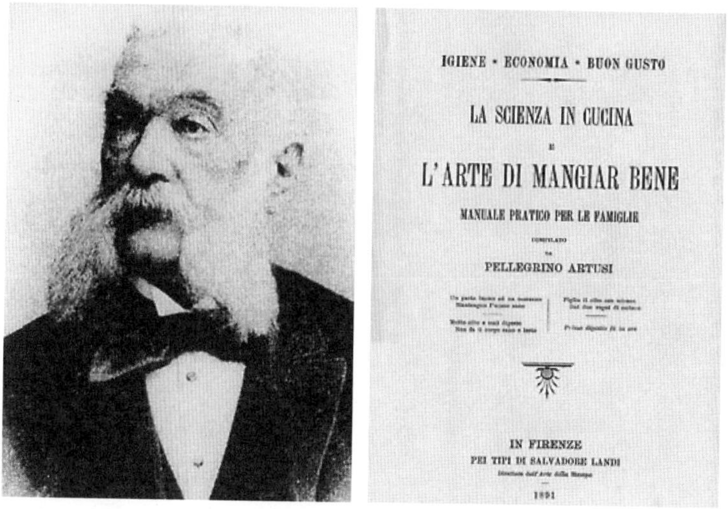
IGIENE • ECONOMIA • BUON GUSTO

LA SCIENZA IN CUCINA

E

L'ARTE DI MANGIAR BENE

MANUALE PRATICO PER LE FAMIGLIE

COMPILATO DA

PELLEGRINO ARTUSI

IN FIRENZE

PEI TIPI DI SALVADORE LANDI

1891

圖4-7　阿圖西和其著作《料理的科學和吃得好的藝術》

害，因此搬家到佛羅倫斯。

阿圖西一開始在利佛諾的貿易公司工作，這家公司位於托斯卡尼地區第勒尼安海岸的一個城鎮。接著定居佛羅倫斯，靠著經營銀行維生。阿圖西於五十歲時退休，但他利用閒暇時間，以文人身分寫了幾本著作，又因興趣關係開始研究料理，並決定將此作為後半生的工作。

這部一八九一年出版的烹飪著作就是他多年的研究成果。他在童年時期就到義大利各地旅行，熟悉所有地區的氣候風土、地方特色和民俗，這些經驗對寫作都很有幫助。在具體料理食譜的收集上，他是透過下述方式進行的，例如探訪各地區的民家，詢問該戶人家的食譜，再請對方事後郵寄料理筆記，或是觀察、記錄旅館老闆娘製作的料理……似乎有兩位廚師會在旁邊提供支援，協助他在事後重現料理。

在阿圖西詳盡考察的各個地區當中，富裕的托斯卡尼以及羅曼尼亞兩個地區的料理最常出現在食譜中。前者是他長期工作和生活的地方，後者是他熱愛的故鄉。除了這兩大地區，他對各地的「都市」料理也了如指掌。

透過料理實現的國家統一

阿圖西的料理書，以結果而言，促進了料理及義大利麵的國民統一。或許他本來並沒有企圖做到國民統一，但阿圖西的父親是青年義大利黨的馬志尼派，也是地方上代代相傳的資產階級，他簡直就是義大利近代化的骨幹，這些因素應該都影響了這本料理書的結構和內容。

總之，阿圖西真正的價值，就是藉由天生的美食鑑賞力，對各種地方料理做出適當調整，使它們各加符合新時代的要求，並將其呈現給義大利國民。而他選擇的料理，皆成為義大利具代表性的食譜，並統整於書籍當中，在新興市民階級之間大受歡迎。直到現在，這本料理書仍獲得家庭必備的評價。在義大利剛剛實現國家統一之時，這部著作意義深遠，有著不可計量的價值——因為這是透過「料理」實現的國民意識統一。

但或許是受到南北問題影響，這本書對南義料理態度冷淡。舉例來說，普利亞、巴西利卡塔、卡拉布里亞的食譜，在這書中一個也沒有出現，真的是美中不足又欠缺公平。而且書中雖然有介紹番茄，卻沒有提到辣椒。

不過，書中收錄了許多義大利麵食譜，這些食譜到後來都成為「義大利麵基本款」，從這點來看，我認為阿圖西真的可以說是「義大利料理之父」。他讓之前在部分人士眼中屬於異類的「馬鈴薯麵疙瘩」正式出現在每天的菜色中，將其視為國民料理的一分子，給予永久的市民權，又將茄汁作為義大利麵醬汁使用。他就是第一個嚴格區別「番茄汁」和「茄汁」差異的人，並將後者與義大利麵結合在一起。正因為番茄和馬鈴薯這兩種外來食材沒有和特定「地區」連結，所以它們才可以成為日後「義大利料理」的象徵標幟吧。

資產階級抬頭和新飲食文化

在此研究一下阿圖西的「資產階級」身分。

在義大利，資本主義精神比其他各個歐洲國家都還要更早普及。威尼斯、熱那亞、佛羅倫斯等地早在十四世紀，就已經將規規矩矩營商、積蓄資本視為歷代家訓，形成基本的商人規範；接著在十五世紀，各地又陸續出現下述這種類型的人：將關心經濟置於人生價值的核心，在所有生活上重視節約、計畫性、合乎目的性和計算能力。

不過，大概從十六世紀開始，在西班牙的封建統治下，不光是拿坡里，在佛羅倫斯也出現市民輕視勞動，追求貴族稱號的現象。愈來愈多上層市民想要像貴族一樣，在別墅過著悠閒領養老金的生活。

歷經這樣一段歷史倒退期，到十八～十九世紀，真正的資產階級誕生了。在這個時期，市民不再受貴族式價值觀迷惑，不會隨便模仿貴族的生活方式，而是開始摸索自己獨特的世界觀和生活方式。

這種態度除了展現在工作、閒暇時間、家庭生活和教育上，也反映在本書主題「飲食生活」上。與其說是「豪華」，不如說他們這些資產階級喜歡的是講究的料理，料理的數量和品項不再多到令人吃驚，每人平均食用分量也變少了，在他們身上，不會再被貼上過往那種帶有權力、貴族性象徵的旺盛食慾標籤。

主婦在整潔的家庭廚房準備好健康營養的料理，一家人圍坐在餐桌旁，每人各用一套餐具，愜意地享用……對資產階級而言，這正是幸福的象徵。義大利料理在此受到貴族和農民雙方經驗和價值觀影響，這和法國料理等其他料理不同的巨大特色，也是義大利料理的一種優點。

料理的「平等」和食譜帶來的「語言教育」

回到阿圖西所寫的書籍，他將這種相稱於資本階級的料理，作為「義大利料理」展現在大家面前。他選出地方料理進行調整、完善食譜的過程中，也同時消除了傳統料理所做出的身分差別。

舉例來說，以前雉雞和園林鶯（Sylvia borin，一種小鳥）當然是相稱於貴族身分的食材，蕪菁和四季豆則是屬於窮人的食材，但阿圖西停止這種以身分區別食材貴賤的分配方式，把不同階層的食材加以整合。而且在他書中所介紹的材料，都是中產階級和資產階級的財力完全買得起的。隨著資產階級開始將重心放在飲食生活上，就能理解這本書不斷再版、成為暢銷書的原因。

另外，知名的文化史學家皮耶羅・康波雷西（Piero Camporesi），指出阿圖西的「改革」，不只在「飲食」方面，還有「語言」。其實義大利統一時，能說「義大利文」的人數，只不過占了二・五％而已，也就是說當時大部分的人是講「方言」，義大利人彼此之間也無法溝通交流，就像是和外國人說話一樣。

教育者和政治家面臨這種局勢，心中當然會浮現一種想法：「緊要課題就是普及標準語」。於是在愛國主義和教育熱潮高漲時開始呼籲起「國語純化論」。

阿圖西的料理書正是在這個時期誕生，他甚至在介紹料理時，納入簡單的語言教育。阿圖西選擇了一種方式，就是將托斯卡尼語、方言、專業術語、粗野話、女性用語等等，全部寫為「義大利文」，讓大家去熟悉適應，打算作為（統一的）義大利文和地方方言的橋樑。他將來自方言的不同稱呼統一翻譯成義大利文，企圖合理化、平均化和統一化料理的語言。

阿圖西選擇的通用義大利文，是農民所使用的優美語言，這是以（一半）佛羅倫斯語和（一半）羅曼尼亞語為基礎形成的語言。阿圖西不喜歡某個地區的語言獨占統治料理，他希望各地語言共存於料理的語言空間中。當各種料理名稱進入這個語言空間的同時，也就成為標準的義大利語。

從前，聚集於宮廷的貴族和服侍他們的廚師崇拜法國專門用語，阿圖西並不認同這種傾向。他不要奇怪的法語名稱、法語翻譯和某些無法理解的混合用語，而是努力將家庭料理用語「純粹化」，從義大利各地找出所有義大利人都容易理解的料理和食材名稱，寫下自己的料理書食譜。

國民飲食和地方料理

在此重新思考一下「統一＝國民飲食」與「地區＝地方料理」這兩者之間的關係。十九世紀後半，阿圖西等人展示出「這就是義大利料理」的範本，許多人按照他的食譜做菜吃飯、稱呼食物，隨著這種社會飲食習慣的逐漸形成，義大利人算是第一次從內心，不，應該說是從身體完成統一吧。

而且有了這種代表義大利的食物後，外國人也會對此有所認識，在國外的人們也會提到義大利料理，旅行者會找尋義大利料理。雖然當時沒有電視，大眾傳播也不像現在這麼發達，但出版文化蓬勃發展，料理也成為適合出版的主題。

但這種國民飲食愈明確，對自己居住之地有感情的居民，就愈主張當地料理的獨特性，也開始偏向和其他地區競爭，這可說是很自然的發展。而且對旅人而言，到處都是相同的「義大利料理」也很無趣，於是他們熱衷於發掘各個地區的名產。

雖然有點自相矛盾，但唯有這種料理的國家統一時代，才能創造出地方料理，成為大規模極力宣傳地方料理的時代開端。而且十九世紀的地區中心，以及出版中心都市，都開始積極出版「米蘭料理」或「波隆那料理」這種各別都市的食譜集。

第 5 章

母親和小孩的思念

從中世紀開始，製作義大利麵就是女性的工作

充當母乳的義大利麵

翻閱義大利的報紙和雜誌時，經常會看到演員、政治家、作家等人的文章，寫著他們靜靜回憶義大利麵的香氣，那香氣令人想起家的味道和母親的慈愛。此外，在過去和現在的義大利電影中，經常出現母親、太太或祖母製作義大利麵的畫面，做麵、吃麵的場景在電影中發揮了重要作用。

對母親的回憶與料理融為一體，在這種味道中長大的小孩，無論經過多久，似乎都會牢牢記住這種回憶。「媽媽的味道」這種飲食帶來的情感牽絆，或許全世界都是一樣的，但義大利人這種行為似乎特別強烈，這和他們與「母性」之間的歷史關係特別深厚有關。

義大利麵這種食物，「口感」滑順，甚至讓人想永遠品嘗享用。滑溜、光滑的麵條，依序經過嘴唇、舌頭、上顎、喉嚨進入肚裡，入口的每個階段都令人感到「快樂」。如果這碗義大利麵不是他人所做，而是母親親手製作的，那這碗麵帶來的快樂及安心感，對小孩而言就是其他東西難以替代的珍貴體驗。如果母親從小孩幼兒時期到長

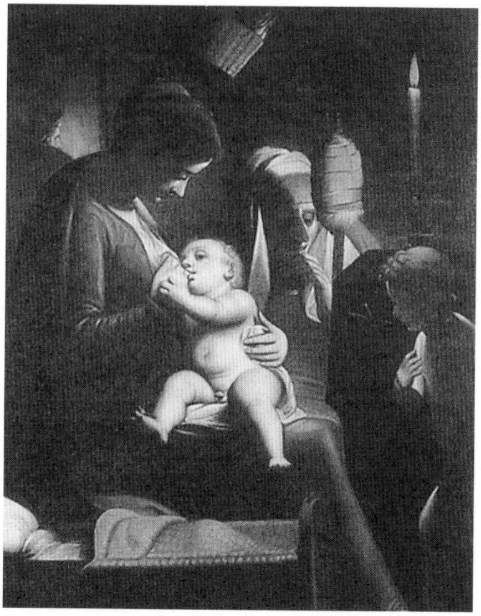

圖5-1　哺乳的聖母像（16世紀）

大成人，一直為他做這種義大利麵，那麼麵食之於他就像母乳之於嬰兒，他所度過的少年、青年時代就像嬰兒時期的延長，始終有母親相伴。在這個過程中，孩子會對義大利麵帶來的口感產生依賴，同時帶著這種依賴繼續生活。

話說回來，從中世紀以來，義大利人非常盛行崇拜瑪利亞，直到現代，這種情況在農業地帶依然非常普遍。供奉瑪利亞的教堂多到數不清，據說有一千多個瑪利亞聖地。此外，在義大利很常看到「哺乳的聖母」（圖5-1），描繪的是嬰兒時期的耶穌吸吮聖母瑪利亞的乳房，瑪利亞溫柔守護的情景。總覺得從中似乎能看到義大利人的原型：「孩子緊貼著母親，斷奶後也一直透過義大利麵連結與母親的關係，孩子無法離開母親，母親也無法離開孩子」。與其說這是義大利人特有的個人性格，不如說這是一種民族性，像是無條件的母愛、樂天地信賴感情、小小的負罪感、微弱的自我超越能力、對弱者和窮人的同情與愛、深度迷信、順從命運、不認生……這種具有母性特質的性格，或許是圍繞著「義大利麵」所涵蓋的原始渴求願望發展出來的。

義大利麵是拒絕孤獨、互相合作聯繫的食物。吃義大利麵的理想情境，就是和家人或朋友一起大聲吵鬧享用，是在大盤子盛滿義大利麵再端上桌，大家分裝享用，而不是一個人一份。可見，義大利麵確實是柔軟又具有包容力的食物。

「麵做好囉！來吃吧。」母親微笑說道，充滿幹勁地將盛滿義大利麵的盤子端到餐桌上，對坐在餐桌前的孩子來說，這是最讓人開心且安心的場景。甚至以後一個人吃麵時，都覺得義大利麵好像蘊含著一股溫暖，是與母親牽絆在一起、具有母性的食物，我想這不僅僅是我個人的感想。

負責做菜的女性

做菜是女性的任務，這在今日或許不是那麼理所當然的事。擅長做菜的年輕男性應該很多，而且中年男性當中，也有人覺得必須學會做菜，而去料理學校上課。餐廳主廚也大半都是男性。

然而，不論在歐洲還是在日本，女權尚未完全普及的不久之前，女性在家做家事、男性在外工作、進行公共活動的「女主內男主外」情況，都被視為「正常」。女性所做的家事中，最重要的就是「做菜」。

前近代女性肩負著困難的課題：被迫過著貧窮生活，活用偶爾能低價入手的食材，為家人製作美味料理。

在歐洲，尤其是深受天主教教義影響的義大利，女性與料理的連結關係似乎特別牢固。如今在義大利鄉下，也是能看到女性從早到晚一整天都在做菜的模樣。利用現有的東西、便宜缺乏變化的食材，製作五彩繽紛的美味料理，要做到這點就需要義大利人擅長的想像力，義大利人也強烈要求主婦要具備這種能力。而義大利麵就是最能發揮、最需要這種想像力與創造力的料理。

擅長做菜是結婚條件

位在義大利半島南端的卡拉布里亞地區，直到最近，都將能使用相同食材，製作出至少十五種的義大利麵視為女性結婚的前提條件。至於同屬南部的普利亞地區，還要求女性要會製作傳統的耳垂型「貓耳朵」義大利麵。另外，在義大利中部的阿布魯佐地區，製作「琴弦麵」這種特產義大利麵需要一種類似弦樂器的道具（參109頁），而在同地區的佩斯卡拉（Pescara）這個城鎮，這種道具還被當作新娘嫁妝，出現在一八一七年留存下來的公文中。這表示，那個時代特別重視製作「琴弦麵」的能力，這也是當時的好主婦、未來新娘必須具備的素養。

在中北部的艾米利亞—羅曼尼亞地區，主婦能力中最重要的就是製作「sfoglia」，這種義大利麵是以擀麵棍擀平麵團再做成。換句話說，必須要學會揉製義大利麵的麵團，再使用擀麵棍靈巧地擀平麵團，切出完整形狀的義大利麵。據說在當地，未來的婆婆會盯著媳婦的手指，婆婆提出的第一個問題就是：「妳知道sfoglia的作法嗎？」對媳婦而言，這是很緊張的一瞬間。因為媳婦的手指必須要非常纖細，才能靈巧地捏出小餛飩。而且當地新娘的嫁妝之一，就包含切義大利麵的刀子。

自古以來，在義大利的農家，擅長做菜就是比美貌或具備讀寫能力還要好的「陪嫁財產」，換句話說就是「嫁妝」。所以，以前農民家中最重要的場所就是廚房。「母親＝太太」每天都會在這個地方解決家人的飢餓問題，花費心思辛苦製作能成為明天活力來源的美味料理。而且母親為了將來女兒出嫁，很早就努力傳授製麵祕訣給女兒。

通常是以口頭傳授和邊看邊學的方式，由母親傳授給女兒。在波隆那，母親為了從女兒小時候就開始教授義大利麵作法，據說一定會在廚房放置「凳子」，讓身形矮小的女兒站在上面，直到二十～三十年前，這種凳子仍被視為找到丈夫的必備嫁妝。

打造美麗義大利麵的女性師傅之手

在近代工業革命以前，離開家庭從事製作義大利麵工作的主要都是女性。在中世紀，女性即使完成一般職業的培訓課程，也不能成為獨立師傅，更不用說是成為領班，在同業工會的世界受到差別對待。但似乎有許多女性會從事紡織業、旅館業、奢侈品相關或食品相關等一些職種，來獲得某種程度的地位和金錢。若能成為專家，還可以帶學徒，有權決定經手產品的品質標準和價格。而義大利麵正是這種行業之一。女性擁有和男性相同的權利，能經營義大利麵銷售店，而且從製作麵團、塑形、到乾燥為止，都由女性監督所有進度。

即使義大利麵在某種程度上實現了機器化生產，但像豆子或果核種子形狀的義大利麵，還是很難用機器製作。所以雙手靈巧、有豐富想像力的女性受到重用，透過她們的手指頭，創作出充滿幻想元素的形狀。

十八世紀初期，拿坡里地區托雷安農齊亞塔（Torre Annunziata）的女性師傅，在這方面就非常有名。此外，在十八世紀的布林迪西（Brindisi），女性為了從極為細緻的粗粒麵粉開始製作所有特殊形狀的義大利麵，一整天都會非常專心，多虧女性辛勞又靈巧的手，這些義大利麵才能成為該地特產博得好評。而且包含巴里附近的阿誇維瓦（Acquaviva）修女在內，也都因為費盡心思製作各種義大利麵而聞名於世。

歌德在《義大利遊記》中記載他在一七八七年四月二十四日的見聞：「我在西西里亞的吉爾真提（Girgenti，現在的阿格里真托）投宿某戶人家時，看到女孩們在一個很大的房間，以纖細巧手製作『蝸牛』形的義大利麵，我對此深感興趣（圖5-2）。」接著他又提到：「在當地，是以最高級的高筋麵粉製作『通心粉』，以手工做出的美味勝過機器、模型製作，可說是完美成品。」

由上述事例可得知，義大利的義大利麵，一直都和女性有所連結，被視為女性製作的產物。所以，就會形成「說到義大利麵就會想到母親，說到母親就會想到義大利麵」這種關係極其深厚的聯想羈絆，這種情況一直持續到今日。換句話說，這就是「媽媽的味道」。

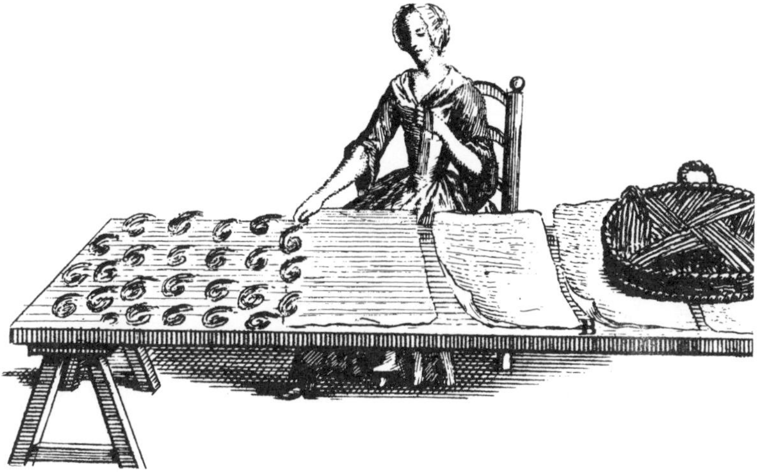

圖5-2　將義大利麵做成蝸牛形狀的女性

但到了近代，工廠成為生產義大利麵的主要來源，依賴機器的比重增加，而且各個階段的分工也愈來愈精細，製作義大利麵的工作變成以男性為主。女性被委任更單純無聊的作業，待遇條件也有很大的差別。當然在家庭內，女性依然肩負著製作義大利麵的任務。

媽媽的味道

在日本活躍發展的義大利料理主廚馬可・保羅・莫利納瑞（Paolo Marco Paolo Molinari），在其著作《義大利麵萬歲！》（パスタ万歳！）中有這樣一段故事，十八世紀的劇作家卡洛・哥爾多尼（Carlo

Goldoni）在十四歲時，和壞朋友從多米尼克修會的寄宿學校逃跑，坐船從里米尼（Rimini）前往基奧賈（Chioggia）。當時大家都飢餓難耐，在快要昏倒時，有人提議各自說出想吃的料理，結果大家異口同聲地喊出：「通心粉！」可能大家都想到母親在家裡親手製作的通心粉吧。

此外，一百年前由萬巴（Vamba）所寫的義大利兒童文學傑作《約翰．布拉斯卡的日記》（*Il Giornalino di Gian Burrasca*）中，也有同樣的場景。九歲主人翁強尼諾有偏食的習慣，他最喜歡的食物就是母親讓傭人卡特琳娜做的鯷魚醬汁長條麵。某天他因為惡作劇做得太過頭，被怒火攻心的父親安排進入寄宿學校，他對學校幾乎每天每餐都叫人吃一樣的摻米義大利雜菜湯感到厭煩，而他深感懷念的食物就是這個長條麵。

義大利麵擁有多樣面貌，充滿感情的溫熱義大利麵、健康又美味的義大利麵、一小盤就令人非常滿足的義大利麵、將自己與家人或朋友連繫在一起的義大利麵……據說義大利人常說一句話：「來做義大利麵，別再吵架了。」這種寬容的力量，簡直就是義大利麵所象徵的義大利母親，以及母性的偉大力量。身為製作者的女性體現出來的巨大母性，融入到製作成形的麵團中，將吃麵的人結合為一體，。義大利麵，是把家人、朋友每天的回憶連結在一起的料理。凝結母親心意的料理有著媽媽的味道，一定會給孩子帶來深刻影響。

過去在拿坡里，小孩最開始的離乳食品，有一種以湯匙餵食的「tubetti」，被稱為「母親義大利麵」。「tubetti」是將水管形義大利麵切碎的麵食，很常放入湯品中食用，當然也適合搭配各種醬汁。以離乳食品來說，可能就是燉煮到很軟的食物。這種充滿感情的拿坡里義大利麵，搭配各種豆類都絕妙適合，營養價值也是滿分。

帽子餃義大利雜菜湯

之前提過，義大利麵有著「媽媽的味道」，與此有關，在前一章節提過的阿圖西也曾講過一個有趣故事，這故事的主角是波隆那的義大利餃「帽子餃」。故事講述了「對母親的回憶」和「母親的義大利麵」多麼珍貴，所以我連同食譜一起重新記錄下來。

●羅曼尼亞風味帽子餃

因為像帽子（cappello，此為義大利文的「帽子」之意）一樣的形狀而得名。為了避免給胃部帶來沉重負擔，在此介紹更單純的作法。

瑞可塔起司，或瑞可塔起司和raviggiolo起司各半，總共一八〇克

將半片雞胸肉和奶油、鹽、胡椒一起煎烤，再切成碎肉

磨碎的帕瑪森起司三〇克

全蛋一顆和蛋黃一個

肉豆蔻、其他香料少許、依自己喜好分量的檸檬皮、鹽一小撮

放入的餡料不一定總是一樣，可以隨意增減調味。沒有雞胸肉時，也可以用一百克的豬里肌瘦肉代替。和雞肉一樣事先烤好。

如果瑞可塔起司或raviggiolo起司太軟，就不要加入蛋白；如果太硬，就再加入一顆蛋黃，進行一些調整使起司變成適當硬度。包覆的麵皮部分，在麵粉中只加入雞蛋（也可以加入多出來的蛋白）攪拌，做出柔軟的麵團，再以擀麵棍攤平，使用圓形工具裁切麵皮。在圓形麵皮正中央放上餡料，將麵皮對折成半月形，使麵皮兩端緊黏在一起，做成漂亮的小帽子形狀。

如果麵皮乾掉，就以指尖沾水弄濕圓形邊緣。用帽子餃做義大利雜菜湯時，可以用雞肉高湯來烹調。這種動物（閹雞）很美味，所以人們會用作為聖誕節儀式的供品。若要做得跟羅曼尼亞（的料理方法）一樣，就以雞肉高湯烹調帽子餃吧！在當地的聖誕節，你可能會偶遇吃了一百顆帽子餃而得意不已的猛將。但這樣吃可能會撐破肚皮，我朋友真的因為這樣做而死亡。有節制的人，二十四顆就足夠了。

關於這道帽子餃料理，我想講一則雖然不太重要，卻值得思考的小故事。

希望大家事先瞭解一件事，羅曼尼亞地區的男性，可以說完全不打算做讀書這種絞盡腦汁的事。可能是孩童時期完全沒看過雙親專心讀書的樣子吧，而且在這個地區，人們以極少的東西過著享樂生活，所以也不覺得教育很必要吧？因此，至少有九成的年輕人，從後期中等學校畢業後就失去幹勁，變成不論怎麼拉韁繩也不為所動的馬一樣。

回到正題，有一對夫妻住在窪地羅曼尼亞地區的村落中，他們有一個兒子，名叫卡爾利諾。父親自認是個進取者，能為兒子留下充足積蓄，儘管如此，還是希望兒子成為律師，最好可以成為議員（大概是因為律師和議員的差別很小的緣故）。一家人一起討論了好幾次，有人贊成有人反對，最後為了讓卡爾利諾繼續上學，決定將他送往離老家最近的大都市費拉拉。父親從以淚洗面的母親面前將兒子硬拖走，傷心地將兒子帶到費拉拉。

經過不到一週的時間，此時雙親正坐在放有帽子餃義大利雜菜湯的餐桌旁。在長久的沉默後，母親嘆氣嘟噥：「啊！我們卡爾利諾如果還在家裡，會多麼開心啊！因為他最喜歡帽子餃了！」剛說完這句話，就聽到有人敲玄關門的聲音。緊接著，卡爾利諾本人竟然很開心地闖入房間。

父親大叫：「你怎麼會在這裡？發生什麼事了？」卡爾利諾答道：「埋沒在書本中不適合我啊！與其要回去那種監獄般的地方，不如撕碎我這具身體吧。」母親非常高興地跑去和兒子相擁，並回頭對先生說道：「讓他喜歡做什麼就做什麼吧。有句話不是說：『活著的驢子比死掉的博士好。』這孩子有興趣的工作很多吧。」實際上從那時以來，卡爾利諾的興趣，據說就是槍和獵犬、拖著漂亮小馬車的烈馬，以及一年到頭到處糾纏年輕農家女孩。

天主教的女性形象

到此為止，陸續說明了為何義大利麵被視為母親的象徵、為何是本質上與母親連結在一起的食物。也解釋了正因為有「太太＝母親」這樣的家庭守護神，才能保障義大利飲食文化的精彩之處，並打造出義大利人的美好性格。

但情況到底是怎樣？這真的是永遠通用的道理嗎？的確，母親總是待在家裡照顧孩子，為大家製作美味料理，我也會想到這種令人感到安心的畫面。但女性的社會使命只有母親或主婦嗎？沒有選擇其他選項的自由嗎？事實並非如此。男女的性別角色並非絕對的，根據時代和環境發生改變的相對性，在古今東西的歷史都有所驗證。

考量到這種情況，也就想要猜測在義大利將義大利麵作為母親象徵的根深蒂固想法中是否存在「內幕」？姑且不論近代初期的情況，即使在女性往社會發展、開始主張從事公眾活動權利和自由的時代，仍然推崇將女性關在家裡的形象，這應該有點奇怪吧？

從中世紀以來，天主教就一向歧視女性。教會宣稱，世界上的女性是夏娃的後裔，全都被罪惡玷汙，誘惑男性犯罪，是可怕的存在，雖然難以救贖，但至少應該倣效悔過得到基督原諒的娼婦抹大拉的馬利亞，努力贖罪。教會法雖然主張男女完全平等，但另一方面又將女性地位置於男性之下，採取雙重標準。換句話說，在肉眼看不見的神聖教會，男女是平等的，但在地上可見的教會，有不平等的待遇也是無可奈何之事。

首先，女性無法擔任神職人員，不能靠近正在執行聖務的祭壇，也不能觸碰神聖的器具和布匹。本來大家就認為女性不應該隨意出現在公眾場合，而且在教會應該保持安靜。自然而然地，女性就悶在家裡，服從、服侍身為一家之主的父親或先生，教會也勸告大家要做到這些事。

法國大革命後，天主教的保守性並沒有太大改變。儘管如此，人們還是著手進行社會運動，組織合作社，打算保護農民生活，但女性解放這種觀念，仍舊沒有浮上檯面。

資產階級的規範

如同前一章節所見，十八世紀到十九世紀初期，舊貴族和部分新興市民當中誕生出資產階級。資產階級以社會中心階層之姿占據重要地位，在政治和文化上開始發揮主導權。與貴族相比，他們更富有民主思想，但在性別關係這方面，和以前陳腐的貴族並無不同，甚至更加保守。

舉例來說，在十九世紀的資產階級社會，許多宗教和非宗教人士紛紛撰寫各種「教育指南」，提倡發揮女性的「新任務」和「理想狀態」。當中令人驚訝的是，天主教會原本並不支持女性教育的發展，卻在這時和新興世俗文化提出相同方案。他們提倡更加自由的教育取代修道院等舊體制教育，這種教育不僅針對貴族和上流市民，還包含庶民女性。儘管如此，這個階段所塑造的理想女性形象，仍是順從的「好太太」「好母親」，家庭中的教育者和信心守護者。

在這種情況下，有教養的女性，成為企圖對社會造成不安和破壞的麻煩角色而備受質疑；打算擔任專職的女性，被視為不可靠的對象而遭受疏遠。雖然嘴上說著：「女性是法國大革命後新社會、市民秩序的中心角色」。但這僅限於家庭內的角色。目標是確保基於資產階級倫理而來的家庭一體性，所以身處家庭中心的女性，被要求成為「有德且貞淑的太太、明智能顧慮到未來的母親」。這也是因為國家和教會為了更好管理家庭的緣故。

以中世紀、文藝復興以來，「女主內、男主外」這種性別角色分工為依據，在十九世紀義大利提出了「義大利母親」這種典範形象，許多女性雜誌或女性教育和禮法書籍開始宣傳女性應有的思想準備和義務。這種典範形象實際上阻礙了女性權利和自由，人們卻讚譽這對國家和社會帶來極大貢獻。

因此，由權力者和資產階級男性打造的女性形象，其實是近代資產階級對理想「家庭」一樣貌所抱持的想法，以及打算將此和社會組成連結在一起的意識形態（受歷史、社會立場制約，帶有階級、黨派不良影響的觀念形態）。

既然如此，與其說是有意識地將國民食物、人氣上漲普及的義大利麵，當作聚集家人的羈絆、母親溫暖感情的象徵，打造出感人故事的風向，不如說是這個時代的社會集體無意識推動的趨勢。而且一般認為，多數的義大利人一直相信著這種故事。

法西斯主義體制下的女性角色

即使後來進入二十世紀，這種狀況也沒有馬上改變。義大利在第一次世界大戰，站在法國、英國、俄羅斯和美國這邊（協約國），與德國、奧地利作戰。雖然當初打算保持中立，但半島從一九一五年就被捲入戰爭和對立之中。年輕記者墨索里尼贊成開戰。

即使後來戰爭勝利了，但義大利的經濟和政治狀況依舊惡劣。產業敵不過國際競爭，失業問題嚴重，全國發生罷工和示威遊行。在這個時代，左派革命勢力和極右分子興起，後者認為自己才是守護社會秩序的人，賦予自己「防止共產主義破壞國家狀態」的任務。

為了響應極右勢力，墨索里尼在一九一九年於米蘭創立國家法西斯黨。他打著民族主義的招牌吸引大眾，在選舉中獲勝取得政權，一九二四年，成為領袖（統帥）掌握全權，確立法西斯主義體制。

「法西斯主義」是一種訴諸國民感情、推動國粹思想的運動、政治體制，在第一次世界大戰和第二次世界大戰之間，以歐洲為中心普及開來。一般特色是在政治上否定議會政治、實施一黨專政、壓抑市民自由，對外進行侵略等等。

墨索里尼承認天主教為義大利唯一的宗教，和教宗簽訂《拉特蘭條約》＊，但在他的統治下，個人和團體的自由逐漸受壓迫，也失去了出版和言論自由，反對政體的人更遭受肅清。

＊註：一八七〇年意大利王國攻打羅馬，教宗國形同滅亡，教宗被困於梵蒂岡，與義大利長期對峙。直到一九二九年，雙方談判簽下此條約，解決了這個「羅馬問題」，此後，教宗國正式成為歷史，被梵蒂岡城國取代。

主要支撐這個體制的，就是中間階層的新資產階級。此外，在法西斯主義管理下的工會和農民中也有支持者。在初期經濟政策方面，民營化、放寬限制、降低稅金等政策都奏效，工業開始發展，農業也好轉，失業狀況減少。

墨索里尼和義大利人都做著不自量力的夢，企圖在非洲發動殖民地戰爭，而且還與納粹黨密切接觸。之後便在一九四〇年六月，參加第二次世界大戰，最後被英美聯合軍隊打敗。德國從北邊入侵義大利，占領羅馬，義大利開始對德國占領展開漫長的抵抗運動。義大利全國解放，是在一九四五年的四月二十五日。

如前所述，我們知道支撐這個法西斯體制的就是新興資產階級，而法西斯主義贊同教會的保守立場，否定女性往社會發展。批判因都市化和第三次產業發展而想方設法在社會拋頭露面的女性，打算讓性別角色再次回到「第一次世界大戰前」的傳統樣貌。

墨索里尼開始展開活動，重新將女性理想條件設定為「太太、母親、妹妹」。為了限制女性從事家庭以外的工作，發布許多措施。對體制而言，女性是家庭政策的核心。墨索里尼是「將女性關在家裡，要她們滿足家庭內一切需求」的主事者。

義大利麵和女性

回到義大利麵的話題。直到最近，幾乎所有義大利人仍相信這種觀點：「女性（母親）是為家庭守護者，而母愛的象徵就是料理（尤其是義大利麵料理）」。這背後有著近代資產階級社會的政治、宗教、社會意識形態，有人藉此「得利」，另一方面，也有許多人被這種詭計拉攏，被這種花言巧語哄騙而吃虧。

有意識地反對、與這種性別歧視展開鬥爭的婦女解放運動也確實出現過。不過，我認為即使不進行這種鬥爭，透過世界文明進化，在歐洲屬於保守國情的義大利，其性別關係的理想狀態可能也會慢慢改變。而在這個過程中，如果人們的生活型態有了實質改變，上述的資產階級意識形態（義大利麵象徵和女性故事），也算是完成任務了，或許會逐漸成為那種古老美好時代的童話吧。

第 6 章

義大利麵的反對者

製作義大利麵的男性增加

十九世紀末期的庶民飲食

我們在第3章已經瞭解從中世紀到近代，和飢餓戰鬥的貧窮農民樣貌，但他們之後的情況是怎麼樣？即使不問他們是何時開始可以盡情吃義大利麵？他們又是何時開始能在日常中吃到義大利麵？

根據一八七〇年代的調查，在義大利農村，每個地方的富人似乎都能獲得小麥麵包（白麵包）。但北邊的貧民只能將就吃著以大麥、裸麥、蕎麥麵粉和栗子粉製作的混合麵包或波倫塔，再往南邊，就看不見波倫塔的蹤影，而是以混雜合多種雜糧的黑麵包為主食。

一八九二年曾有一份問卷調查，調查對象是費拉拉縣柯納村一名三十九歲臨時雇工，內容是關於他和三十八歲太太及十四歲兒子的三人生活，從問卷中可以瞭解他們的飲食生活：三月的食物是以玉米做的波倫塔為主，加上些許栗子粉做的波倫塔，還有四季豆和紅蘿蔔；八月則是以麵包和義大利麵為主，還有四季豆（分量是三月的三倍）和西瓜，另外會再加上以起司和油脂很多的鮪魚做成的紙包魚。這份問卷調查顯示出，當時的飲食內容會根據季節產生極大變化。

在十九世紀後半，人們的主食是波倫塔和義大利麵，但農民和貧民並非一整年每天都能吃到小麥做的義大利麵（圖6-1），不如說都市市民的中上階級才能常常吃到。

貧窮農民的近代

根據北村曉夫*的說法，近代義大利似乎出現了下述情況（出自日本NHK文化廣

圖6-1　1900年的農民飲食

*註：日本歷史學者。

播〈歷史再發現・一千個義大利——形形色色和豐收的近代〉）。

十八世紀之後，歐洲各地區進行了農業革命，以四年輪耕法為標準耕作方式，穀物產量快速增多，可以一整年飼養家畜。隨著農業技術的革新，更加積極推動大農場的經營，農業近代化和資本主義化一起進步發展，租地經營者向大地主租用土地，雇用農業勞工耕作，這種經營土地方式普及化，然而，義大利開始出現問題。換句話說，這個農業革命很難應用在擁有多樣化氣候、地形、風土條件的義大利，所以義大利成為歐洲的農業落後國家。這種情況一直持續到十九世紀，甚至二十世紀前半。

當然，小麥是農村最重要的生產物，但義大利麵或更常以小麥為原料的麵包等食物，直到這個時期都很難在農村吃到。本書前述內容或許會讓讀者產生錯覺，如十一世紀～十二世紀的西西里和熱那亞、中世紀末期與文藝復興時期的托斯卡尼、十七世紀之後的拿坡里、國家統一時期的整個義大利，誤以為義大利麵在上述時間完全普及。但義大利麵終究離普通民眾的「日常飲食」距離尚遠，不是每天都能吃到的食物。

直到近代，雖說義大利麵已經普及，但俯視十七世紀之後的拿坡里，這種普及情況或許還只限都市的富裕階層、中間階層，而占國民大多數的農民能在日常吃到這些義大利麵，義大利麵成為真正的國民食品，則還要等到二十世紀後半。

在此之前，農民仍舊以混合麵包作為平常的主食，引進玉米後，北義才以波倫塔為主食。至於肉類，頂多是吃品質很差的義大利風乾臘腸（salami）這種東西。也有一些地區的人民是食用大量豆類、馬鈴薯和栗子。托斯卡尼的佃農也會食用水果和家禽等食物，在倫巴底的農村，除了波倫塔，還會食用義大利雜菜湯和青蛙。總之，肉類是有錢人才有的奢侈享受，義大利麵也是如此。

十九世紀的貧困疏遠了義大利麵

或許農民和民眾的貧困飲食，到了近代之後反而更加惡化。我認為，從中世紀到十八世紀左右，義大利麵原先順利普及的過程，因為民眾生活條件的惡化，使得普及之路在十九世紀暫時中斷。

根據北村先生的說法，十九世紀的義大利農村，因人口急遽增加使農民面臨飢餓問題。根據某項統計，在十九世紀初期，人口原為一千八百萬左右，但在一九〇一年則增多到三千四百萬人。公眾衛生的普及、醫療的發達使死亡率下降，對人口增加做出了貢獻，但農民因為農業不景氣，要養家活口就愈來愈辛苦。

義大利的土地所有模式在十九世紀產生變化，也加劇了農民飲食條件的惡化。和其他國家一樣，土地租借者（資產階級、中上層民眾）開始向領主租借大規模農場，以對勞工不利的契約雇用勞工，使其為自己工作，但這樣一來，原先作為村落共有地的森林等區塊也變成私有產物，而且農民喪失至今所擁有的森林資源利用等眾多權利，貧富差距愈加擴大，出現大量貧困農民。

經濟方面，從十九世紀末期到二十世紀初期終於有所改善，飲食生活也設法擺脫了「危險水域」的食物——擺脫只吃玉米造成糙皮病（缺乏菸鹼酸使手腳、臉出現皮膚炎，侵蝕消化道的疾病）的單一飲食狀態，慢慢開始取得更豐富、以小麥製造的食物。雖然其他雜糧被遺忘了，但小麥製造的麵包和義大利麵，終於更加確保自身地位。

法西斯主義改變的飲食文化

從十九世紀末期到二十世紀中期，隨著當局不斷進行飲食調查，以及醫師積極實施「營養不足的疾病調查」，在強力國家主權推動下，克服飢餓的問題也有所進展。在法西斯統治時期，這項運動得到大力推廣。所謂的「國民飲食」，就是國民普遍食用，得以維繫民族主義的飲食。法西斯嘗試從社會底層開始促進社會公平，故致力於推廣國民飲食，在這方面最有貢獻的就是軍隊制度。

尤其在第一次世界大戰進行的四年間，許多農民受徵召參戰成為士兵，他們因此有機會改變以前的飲食生活。換句話說，因為被軍隊徵召，農民養成攝取更豐富且有變化的飲食習慣，罹患糙皮病的情況減少，而且因為戰後生產力提升，也開始吃到小麥做成的麵包、雞蛋、牛奶、乳製品和肉類。儘管沒有如願以償地奢侈大吃，但肉類漸漸不再是豪華且特殊的食材。飢餓和營養失調慢慢成為過去式。

於是，一九二〇年～一九三〇年代的法西斯主義國家，讓全體國民採用這種農民食譜，同時要「國民」追求三個目標：「多多使用國產品（以促進農業獨立）、維持健康、增加人口」，並且在某種程度上達成了這些目標。法西斯主義的營養學者認為：「營養豐富的麵包和橄欖油才是農村化國家整體的命運」。法西斯主義雖然是剝奪義大利人自由的獨裁政權，但對飲食生活的態度，很奇妙的，可說是觸及到了義大利飲食的本質吧。

即使法西斯主義體制解體了，這個理想依然殘存下來。不久之後，義大利料理以麵包、義大利麵和橄欖油等食材為基礎，巧妙搭配肉類、魚肉、蔬菜和乳製品，做成均衡美味的料理，餵養從飢餓中解放的義大利人。國民飲食就這樣和地方料理聯手合作，慢慢完成成品，或許可以說，經過半個世紀，在第4章說明過的「阿圖西的夢想」終於實現了。

義大利麵的反對者登場

義大利麵好不容易成為日常餐桌上每天都會出現的料理，然而卻出現了與前述過程同時進行的變化，打算摧毀至今為止一直是大家「夢想」的義大利麵。在此稍微換個角度，說明一下從近代到現代，否定義大利麵、給義大利麵帶來危機的三個變化。

第一個變化，是從十九世紀開始，義大利的移民運動使義大利與美國關係變得密切。這種「國外的月亮比較圓」的偏袒美國心態，讓人覺得義大利麵是有點農村感、笨重沒營養的食物。

第二個變化，是從十九世紀末期到二十世紀二〇年代的文化、思想運動「未來主義」所帶來的影響。

而最後一個變化，則是義大利的女性問題、生活和飲食方式變化所帶來的危機。

貧困和美國移民

說到義大利與「美國」的關係，首先來關注「移民」這種人口動態！在思考世界飲食文化上，這一點也非常有趣，能讓人有所啟發。

稍微將時代往前，如前所述，義大利完成國家統一的時間非常晚，是在一八六一年。國家統一是義大利人的夙願，所以非常值得祝賀，但人民生活並沒有因此就馬上變富裕。都市化、工業化確實有所進展，但也因此出現副作用，那就是一直以來從事手工業產業的人失去了工作，許多人的生活反而變貧困。而且便宜的工業產品從北歐等地湧進，也使打擊倍增。此外對南部農民而言，不變的重稅和管制加強本就是沉重的負擔，再加上從國外引進便宜小麥，狀況便愈來愈悽慘。儘管如此，如同之前所見，義大利只有人口急速增加，許多男性在國內找不到工作、無法養家，尤其是南部地區的失業者，就開始尋求新世界，出發前往海外。

如今在移民方面，主要是亞洲和非洲的移民問題，但十九世紀前半到第一次世界大戰為止，歐洲各國之間的移民，或是從歐洲到美國的移民規模非常巨大。義大利人前往美國的情況尤其多。

首先，一八八〇年代，南義開始出現大移民。這個移動最初是發生在卡拉布里亞、坎帕尼亞、普利亞、巴西利卡塔這些半島南部的各個大區，接著在一九〇〇年之後，西西里也受到影響，情況簡直可以說是一場大型的《出埃及記》，一八七六年～一九二四年，有超過四百五十萬的義大利人前往美國。在這當中，超過兩百萬人是集中在一九〇一年～一九一〇年這十年之間，這也是值得關注的一點。當然，除了美國之外還有其他目的地，比如歐洲他國和南美。

歧視義大利人

一九一〇年之後，已經不是只有一家之主去外地打工，而是攜家帶眷一起到移居地「居住」。換句話說，全家一起移居成為主流。

在移民地區，出身於同一個義大利村落的人會聚在一起生活，所以會原封不動地直接移植具有強烈地域特徵的農民文化，簡直就是呈現栩栩如生的「鐘樓主義」（鄉土愛、誇耀自己的國家，圖6-2）。

許多義大利移民都是季節性勞工，在工地、鐵路、礦山和其他公共事業工作，但他們在住居和工作上都受到歧視。甚至有美國人討厭、排擠義大利人，對他們處以私刑；還有很多人成為威脅和恐嚇的犧牲者；甚至還出現依據假科學優生學和社會達爾文主義，將義大利人視為劣等人種。

飽受指責的移民飲食生活

義大利移民來到美國後，過著怎樣的飲食生活？他們保護義大利家鄉地區的飲食文化，在嚴峻生活中，過著簡陋的飲食生活。食物多數是農民

圖6-2　紐約的小義大利（1900年）

料理，換句話說，就是以小扁豆、蠶豆、碗豆、玉米、番茄、洋蔥和葉菜類蔬菜為主的單純料理，麵包則是以粗劣黑麵包為主。義大利麵對他們而言，不如說是一種奢侈品（這種情況簡直和當時的義大利農村一樣）。肉類是慶典之類的場合才吃得到，一年只有兩到三次的機會，但經濟狀況變好後，就更常吃義大利麵、肉類、砂糖和咖啡。

南義人經常吃義大利麵，被其他人戲稱為「通心粉」，飽受輕視。一般認為，這種飲食生活的「不良影響」，不只發生在義大利移民者身上，還進一步波及到其他美國人。當局擔心這種情況，便將社工（社會監察員）送到這些人家裡，建議他們改過美國的飲食生活。同時調查移民學童的飲食狀況，武斷指責他們所吃的東西完全是粗劣且不適宜的餐點，鼓勵他們積極攝取肉類和牛奶。

一些學會雜誌或一般雜誌借專家的權威，屢次斷罪義大利移民者的飲食不適宜。接著又提出批評，指盛得滿滿的義大利麵、義式雜菜濃湯，或混合各種食材的雜燴燉煮料理是將肉和蔬菜一起以鍋子烹調，會損害各別食品的營養成分，對消化也不好。除了飲食生活的「不正確」之外，社工也注意到，義大利移民家長對孩子的教育漠不關心，生活狀態也不健康，這種勸導便一直持續到二十世紀前半。

因為這個原因，美國大眾很難接受以義大利麵為主的義大利料理。當然現在義大利的飲食文化席捲美國，披薩和義大利麵在美國慢慢成為基本料理，儘管如此，義大利麵有很長一段時間，在這個新天地都停留在肉類料理的「配菜」這種次要地位。

普及歐洲的美國神話

義大利有大量移民移居美國，那麼，在義大利國內流傳的「美國神話」，對義大利本土國民的飲食，又造成怎樣的影響呢？

要研究義大利這種以美國為理想的心理狀態、行動和習慣，必須追溯到很久以前。根據文學方面的證據顯示，十九世紀的三〇年代或七〇年代，知識分子之間已有視美國為自由國度而嚮往不已的風潮。但是這種風潮襲捲義大利，則是在十九世紀末期到二十世紀初期。不過，在十九世紀末期，義大利人心中的美國形象，大部分是由富裕有教養的美國人特意塑造出來的。義大利知識分子或藝術家們拜訪美國時，所接觸、談話的對象都是這些美國人。這些義大利人只想看到美國的優點，由他們介紹出來的美國形象，便因此扭曲變形。

其實從十九世紀末期開始，不只是義大利，歐洲各國千篇一律的美國形象——如

「平等社會」「自由」……這種形象非常普及，但這也是歐洲社會停滯時期的解毒劑。知識分子不僅和一般庶民共享模糊的憧憬，還透過「時髦」「嶄新」「快速」「奇特」「自由」「民主主義」「無限可能性」和「女性解放」這些關鍵字去討論這種夢想世界。

總之，從這個時代到二十世紀初期，義大利虛構了幻想的美國形象，「美國夢」開始普及。第一次世界大戰結束後，固定下「能歌頌經濟發展和自由的夢想之國……」這種形象，美國形象又更加歪曲、擴大發展。

對已經失去主導世界力量的歐洲而言，美國在文化、精神，或經濟方面，都掌握著霸權。因此，相對於「古代之海」的地中海，大西洋就成為「新世界之海」「未來之海」。某些豐富、奇妙的事物、某些未知事物，就在那片海的彼端。

到美國成立為止，所謂的「新大陸」，換句話說就代表「殖民地」，是物資從該處引進舊大陸的供給源頭。然而美國建國後，開始進入新階段，人們在那裡看到「未來」。出現大量前往美國的移民，和這種「憧憬」也有一定關係。

戰後復興和美國

從第二次世界大戰到一九五〇年代，美國的存在感在義大利愈來愈大，美式的實用主義、競爭、社會福利、個人主義、近代化等一系列價值觀和制度成為義大利人追求的目標。義大利在一九四〇年六月，選擇與德國同盟參加第二次世界大戰，雖然最後戰敗，但美軍在一九四〇年代駐留義大利，給義大利帶來巨大影響。因為美軍享受著豐富的供給品，每天展露這種情況給義大利人看。然後，從一九五〇年代開始，美式的生活形式、習慣在義大利又帶來更廣泛的影響。

在義大利出現了美國崇拜滑稽模仿作品——斯坦諾（Steno）導演的《一個美國人在羅馬》（一九五四年，圖6-3）。

圖6-3　《一個美國人在羅馬》的海報

在這部作品中，由演員亞柏托．索帝（Alberto Sordi）扮演南多。南多是一位沒本事也沒工作的無用年輕人，對美國很著迷，想過美式生活，不管什麼東西都以美式名字來稱呼。比如，他照美式叫法，把長條麵稱為「通心粉」。這部作品描繪出一種象徵，就是義大利擺脫第二次世界大戰後的良善靈魂和純粹美好。

不過，在這個時期，美國食物才真正開始被視為美式生活的象徵。代表食物是漢堡、熱狗、可口可樂、奶昔及其他速食。透過美國電影和電視節目，人們逐漸熟悉「好萊塢明星將香菸夾在指間，以獨特吐菸方式裝帥，一邊吃速食……」這些形象。一般認為與此對比的義大利料理，全都「很差勁」。

因為崇拜美國，義大利的戰後復興和近代化都打算以美國為範本。幸虧這種情況沒有持續太久……日本雖然也是如此，但義大利的年輕人一直對美國抱有憧憬。即使同樣都是歐洲國家，法國則是和英美對抗，堅持主張自己國家文化的優越性，語言上也打算阻止英語的滲透，積極處理這些問題。相對於此，義大利的情況則大不相同。是因為民族性的差異嗎？還是與日本同為戰敗國夥伴關係的悲哀造成的？這個問題似乎值得思考一下。

總之，在這種美國神話、美國崇拜的風潮中，似乎也有很多人主張：「想將食物、料理都做成美國風格」，甚至出現了抵制行動，將義大利主食「義大利麵」視為落後國家的貧窮食物。就好像義大利本國的菁英分子繼承了美國社工的任務，對義大利人進行教育一樣。

不過幸運的是，要禁止在長達兩千年的歷史中，由人們與自然協力合作打造出來、在義大利確實扎根的義大利麵，並非那麼簡單的事。義大利風格的飲食文化立刻復甦，不只入侵美國，還入侵其他各國的飲食文化，充滿活力地給予反擊。

未來主義宣言

接下來要提到由知識階層領導的文化、思想運動，如何對義大利麵造成威脅。尤其要關注「未來主義」運動。

所謂的「未來主義」，就是在二十世紀初期，義大利在統一不久後，地域主義仍然氾濫，受到法國印象派和立體派影響的同時，誕生的前衛藝術運動。這個運動的領袖，就是歌頌都市生活和機器文明、推崇機械時代的速度和力量的菲利波·托馬索·馬里內蒂（Filippo Tomasso Marinetti，圖6-4）。

圖6-4　未來主義詩人，菲利波・托馬索・馬里內蒂

當時的年輕藝術家大多贊同馬里內蒂的呼籲，發表了許多「宣言」。宣言從文學開始，慢慢擴張到繪畫、建築、雕刻、音樂、攝影、戲劇、電影、流行及料理、文化和所有生活。

以文化運動而言，未來主義非常獨特、在各地大放異彩，歐洲、俄羅斯、美國，甚至連日本都受其影響。在現今看來也確實有值得稱道之處。

未來主義藉由憧憬機器文明獲得靈感，提出在藝術和生活中必須納入科學技術的過激主張。「我們（中略）要歌頌造船廠夜晚散發的熱情，歌頌像巨大鐵馬一樣的蒸氣火車，歌頌滑行時好像會發出熱情人群歡呼聲響的飛機。」這就是馬里內蒂著名的《未來主義宣言》（一九〇九年）。而與本書密切相關的是他的《未來主義料理宣言》。此宣言於一九三〇年十二月二十八日發表於杜林的《人民報》（*Gazzetta del Popolo*）上。

打倒義大利麵！

和在其他藝術及科學領域一樣，在飲食和盛宴方面，未來主義使者從很久以前就提倡「如空氣般輕盈」的新哲學，而馬里內蒂將其表達在這份宣言的文章之中。對馬里內蒂和他的夥伴等主張「快速有力且輕盈飲食」的人而言，一開始必須打倒的食物正是「義大利麵」，他們認為義大利麵是義大利的習俗、道德墮落的罪魁禍首。而且馬里內蒂從科學角度論證了義大利麵沒有營養價值，並向大家介紹能充分攝取到卡路里和維生素、能滿足五感且賣相佳的肉類和魚類料理。

在此引用部分內容——

（前略）我們這些未來主義者堅信，那些更輕盈敏捷的國民，能打贏將來可能突然爆發的戰爭。首先，我們已經透過自由的語言和同樣輕快的文體，使世界文學靈活化；以令人大吃一驚、毫無邏輯的綜合或無機質戲劇，將無聊趕出劇場；以反寫實主義將造型美術無限化，慢慢創造出無裝飾的華麗幾何學建築，及抽象電影和攝影。而現在，我們要建構適合的飲食，去追求愈來愈輕盈、迅速的生活。

首先，我們堅信有必要採取以下措施：

（a）消除義大利飲食習慣中，不符合邏輯信仰的義大利麵。

或許對英國人而言，鱈魚乾、烤牛肉、布丁是有益的食物；對荷蘭人而言，烤肉加起司的料理是有益的食物；對德國人而言，德國酸菜、培根、燻豬肉香腸是有益的食物。但對義大利人而言，義大利麵毫無益處。舉例來說，義大利麵會阻礙拿坡里人敏銳、充滿活力的精神，以及熱情、寬容兼具直覺的性格。拿坡里人在過去是勇敢的戰士、靠靈感指引創作的藝術家、口才壓倒眾人的辯論家、聰明律師，和堅強的農民，但在他們長期持續食用義大利麵的過程中，就成為經常抑制自身熱情的那種諷刺、情緒化的典型懷疑主義者。

聰明的拿坡里教授盧卡．西諾萊利（Luca Signorelli）博士如此寫道：「義大利麵和麵包、米飯不同，不用慢慢咀嚼，是直接吞下去的食物。這個澱粉質食物，大部分在嘴裡透過唾液進行消化，不太需要胰臟和肝臟的物質變化作用。最後就會造成這些器官出現功能不全，打亂身體平衡的情況。然後身體就會缺乏朝氣，在心裡產生悲觀主義、沉湎於懷舊的無為、中立主義。」

和肉類、魚肉、豆類相比，義大利麵的營養成分少了四成，但現在的義大利人長年被這種纏繞交錯、不知何時能解開的義大利麵魔咒束縛，就好像潘尼羅佩*久久沒有進展的織布，或尋風前進卻停滯不前的帆船一樣遲緩。為什麼還打算以這個麵食建構的厚重城牆，去妨礙藉義大利人的才能，放射在海洋和各個大陸上空的巨大無線電波網上；去阻礙廣播和電視節目，將風光明媚的景觀介紹到世界各地，以此獲取評價？擁護義大利麵的人就像被判處無期徒刑的罪人或考古學者一樣，在他們的胃裡，累積著沉重義大利麵組成的腳鐐鐵球或考古遺產。希望大家記住一點，廢除義大利麵，能將義大利從高價外國小麥解放出來，還能支援義大利的稻米產業。（中略）

完美的飲食必須具備以下要件：

1　餐桌（水晶餐具、瓷器、裝飾）的配置要和料理的味道、色彩產生獨特和諧美感。

---

*註：Penelope，古希臘神話女性人物之一，先生在戰爭中失蹤後，為了擺脫求婚者的糾纏，宣稱要為自己的公公織完壽衣才改嫁，不斷織布又拆掉。

2　完全原創的料理（中略）。

3　創作美味與造型兼具的食物，換句話說，在引人吃進嘴裡之前，要先讓人賞心悅目，激發想像力，在形狀和色彩上構成獨特和諧美感的食物。

舉例來說，由未來主義畫家菲利亞．路易吉．柯倫波（Fillia Luigi Colombo）創作的「雕塑肉」，就綜合詮釋了義大利的風景。這是將烤過的小牛肉做成巨大圓柱形肉柱，肉柱內餡是煮過的十一種不同蔬菜。將這個圓柱形肉柱，垂直置於盤子正中央，頂端淋上一層厚厚的蜂蜜，底部以香腸製成的圓環支撐，旁邊緊靠著三個烤成金黃色的雞肉球。

又如未來主義畫家恩里科．普蘭波利尼（Enrico Prampolini）創作的雕塑食物「赤道和北極」，這道料理以蛋黃表現赤道附近的海洋，再放上牡蠣，並以鹽、胡椒和檸檬調味。正中央浮出一個以凝固發泡蛋白製成的圓錐形，裡面放滿許多橙瓣，呈現像果汁滴落般的陽光。圓錐形的頂端點綴著削成飛機形狀的的黑松露，就像人類征服天頂一樣。

這些兼具造型、美味，色香味俱全的精美料理，堪稱完美的正餐。（以下省略）

這對義大利麵而言是多麼過分的壞話啊。如大家所見，這個宣言就是在猛烈批評以義大利麵為主的義大利國民料理。

馬里內蒂宣言：「義大利要在戰爭中獲勝，掌握世界文化霸權，不能光吃這種沒有營養、笨重不好消化，而且還會使胃部甚至腦部萎縮的『義大利麵』。」決心要展示出適合新時代的食譜。但平心而論，馬里內蒂推薦的那些料理，奇形怪狀，像雕塑品般，完全無法引起食慾。義大利的未來主義，和破壞舊體制、讚美力量、支持軍國主義、擁護戰爭等法西斯主義有共犯關係。而法西斯主義時代的墨索里尼，據說就很討厭象徵義大利落後的義大利麵。

不過，未來主義和法西斯主義都不是對手，義大利麵輕易躲開嚴厲攻擊，現在已經征服全世界。很遺憾地，未來主義看錯了未來。

有一個與《未來主義料理宣言》有關的後日談。那就是提出這個宣言不久後，這位馬里內蒂在米蘭一間名為「Biffi」的餐廳，被人目擊他津津有味地大口吃著長條麵，因此據說人們常常瞧不起言行不一的未來主義領袖。其實也有墨索里尼好像很喜歡吃義大利麵的傳聞，所以並未推行禁食義大利麵的禁令。

持續上升的肉類消費

雖然「美國神話」和「未來主義宣言」都竭力想讓義大利人遠離義大利麵，但幾乎沒有給義大利麵帶來巨大打擊。義大利麵早已深深扎根於各地，不可能那麼簡單就被驅除。

然而，近年來的飲食趨勢給義大利麵帶來真正的挑戰。因為義大利麵是和義大利長久歷史一起慢慢發展的料理，但如今也同樣因為歷史的大潮流，使其飽受威脅。這潮流未必是「不好」、必須制止的，卻是很棘手的情況。

首先第一點是，義大利飲食生活愈加多樣，尤其是肉食慢慢增加了。義大利在一九六〇年代之後的活躍發展，就是一般所說的「義大利奇蹟」，提高了國民收入和飲食水準。一九六八年，義大利人一天平均飲食熱量終於達到三千卡路里，是值得紀念的一年。不論是資產階級家庭、農民家庭還是勞工家庭，一週起碼都能享用一次奢侈的餐點。

在這種情況下，慢慢地，不分身分高低，每個人都能大量食用肉類。一八八五年，義大利每人每年平均肉類消費量是十一公斤，一九五五年則上升到十四公斤，一九六〇年是二十二公斤，一九七五年則達到六十二公斤，肉類成為主菜之王。現在一說到義大利料理，當然會有義大利麵、披薩和義大利雜菜湯等，而葡萄酒及各地製造的火腿、起司，還有優質牛、豬、雞等肉類，肯定也是義大利料理的魅力。大家都能吃到肉類並不是壞事，如果能均衡攝取營養，肉也是非常優質的食材。問題是，義大利麵之所以能在義大利發展，正是因為義大利傳統重視蔬菜、穀物的飲食態度，這一點是其他歐洲各國沒有的。所以如果偏重肉食，忽視蔬菜和穀物，引起義大利整個「飲食體系」發生變化，就會對義大利麵造成打擊吧。

遠離自然的飲食

與此密切相關的，就是義大利麵是來自大地的贈禮。義大利麵是將小麥、蕎麥或馬鈴薯這些植物從大地得到的養分，加工做成的美味食材。而添加在義大利麵當中的醬汁，也正因為有來自各個土地、各個季節的食材，才更能充分發揮義大利麵的優點。

然而，現代食品加工、保存技術出現了革命性進步，流通網路也遍布全世界，已經能忽視季節，隨時隨地想吃什麼就吃什麼。也可以說，中世紀時期人們所夢想的「烏托邦國度」時代已經來臨。然而，人們已經習慣這種脫離自然風土及季節節奏的飲食，就不會再感謝大地的贈禮，不會再細心體會每個季節特有的美味食物，而且在工業化的食品製造、商業主義，以及全球化影響下，一旦出現消費統一的情況，這種傾向就會愈來愈強烈。實際上，在觀光地作為特產推出的義大利麵，就常被限定成少數、特定、固定的食物。

還有一件事與此有關，即便義大利已經成為先進國家一員，但農業人口也銳減中。根據ISTAT（義大利國立統計局）的調查，一九七一年的農業就業人口是二〇·一％，但一九八一年是十三·三％，一九九一年是八·四％，二〇〇〇年則是五·三％。這是很驚人的遞減方式（根據《JETRO Agrotrade Handbook》的資料顯示，二〇〇八年，義大利的農林就業人數停滯在八十六萬。根據ISTAT的其他統計顯示，從二〇〇〇年到二〇〇一年，義大利農地減少了八％）。取而代之增加的，當然就是服務業（第三次產業），從一九七一年的四〇·四％，增加到二〇〇〇年的六二·六％。至於工業則似乎是遞減狀態。不得不說，當所有生活像這樣「脫離自然化」，卻只有飲食文化「回歸自然」，真的是很難做到的事情。

女性進入社會與義大利麵

最後，負責製作家庭中餐點、料理的主婦理想樣貌，在近年也逐漸出現巨大轉變。從十九世紀到二十世紀前半，因第5章提到的資本階級意識形態和天主教教會的抵抗，義大利女性進入社會的情況遲遲沒有進展。

即使女性在第二次世界大戰後擁有參政權，得以實現法律之前人人平等，勞動條件也達到平等，但這種情況還是沒有立刻改善，直到近二十年～三十年，女性總算進入社會，提供支援的法律也齊全了。「女性解放」是值得開心之事。因此不難理解，像那種需要長時間文火熬煮，讓女性永遠無法離開廚房的料理，還有要費時費力的手做義大利麵，確實是「反女權主義」的事物，而極力讚揚擅長製作義大利麵的主婦，說她們像「義大利之母」一樣的言論，被斷罪是將女性關在家裡，意圖維持男性在公共世界優勢的政治地位和宗教所勾結的黑心陰謀道具。

在促成女性進入社會的意義上，急速發展的速食食品、冷凍食品，或平價的外食產業就是女性的偉大福音。起初，義大利人覺得冷凍食品有害健康而厭惡不已，但近年來，在這部分的消費似乎也穩健增加中。

因女性進入社會、少子化等緣故，家族理想樣貌或許已不像以前那樣牢固不變。家庭法的改革也有制度化的轉變，像是改變各種人與人之間的關係、型態。媽媽的味道、全家聚在一起的悠閒餐桌風景正逐漸消失。義大利麵的消費量未必會減少，但母親和太太好像幾乎不再製作手工義大利麵，出現在自助餐或學生食堂的敷衍義大利麵，連外國人都覺得不好吃，看到這種情況真令人感到不可思議，為什麼對義大利麵很挑剔的義大利人能忍受這種東西？

問題有兩個。第一，在義大利各地，與各種傳統儀式連結而製作的珍貴義大利麵一個接一個消失。另一個問題，則是增添義大利麵魅力的「媽媽的味道」要素逐漸消失。關於前者，在本書結語將提到的「慢食運動」，或許能為大家提供解決線索。

但關於後者，則蘊含著更微妙的心理問題。義大利麵一直以來與母親之間的密切連繫慢慢衰微，對珍惜「媽媽的味道」的人而言，或許會覺得有點寂寞，而且也會覺得義大利麵的魅力之一消失了，但我認為在這種時候，只要在這當中再加入其他魅力、其他故事就可以解決了。

結語

歷史中的義大利麵

吃長條麵的人＝義大利人

「與其說我們是一個民族，不如說是一個拼湊的集團。然而，當午餐時間的鈴聲一響起，就會坐在裝有義大利麵的盤子前，這個半島的居民就這樣讓自己意識到自己是義大利人……就連服兵役和普通選舉（權）也無法做到，更不用說納稅義務，這些都不像長條麵那樣能發揮統一的作用。如今能具體表現出義大利統一運動先驅者夢想的義大利統一，就是『pasta asciutta』（義大利乾麵）。」

如同著名記者切薩雷．馬爾奇（Cesare Marchi）所說，義大利麵和義大利人的理想狀態密不可分，一直以來，我們所看到的義大利麵歷史，就是義大利本身的歷史。此外，義大利被大自然環繞、擁有多樣地形，並以此為傲，促進義大利麵發展的各種要素從古代就開始出現，尤其從中世紀到現代，各種要素互相支援融合，在南北各地區內部以及地區間的互相聯絡中，義大利麵隨著「歷史」進展一起逐漸發展、分化。而且這是以國家統一時為頂點，來觀察義大利麵和義大利、義大利人合為一體的樣貌。

吃出來的義大利史

簡單做個回顧。小麥的種植始於古代美索不達米亞，希臘和羅馬將小麥製成麵粉，主要作為麵包的材料，同時也開始將麵團做成千層麵食用。到了中世紀初期，小麥文明衰退，取而代之的是雜糧、放入蔬菜和豆類的義大利雜菜湯，這些食物成為農民的日常飲食，而這個義大利雜菜湯，日後成為了義大利麵發展的溫床，在飲食文化史上占據根基地位。

真正的義大利麵——第一階段揉捏麵團，第二階段使用與水結合的烹飪方法——是在十一世紀～十二世紀登場。乾燥麵是在西西里，生麵則是在北義開始製作，再分別摸索、各自發展。雖然義大利麵起初是以庶民料理之姿開始出現，但小麥很珍貴，所以很難普及成日常食品。隨著南義和熱那亞出現義大利麵製造廠、運輸商人，以及中義、北義各個都市成立義大利麵工會等原因，義大利麵的生產量開始慢慢增加。

在大航海時代，從新大陸全新引進南瓜、番茄、玉米、馬鈴薯、香料等食物，這些東西成為全新的義大利麵食材，同時也作為和義大利麵搭配的醬汁材料，擔負起劃時代的任務。尤其是茄汁發明後，市民在十七世紀，從「食菜人」搖身一變為「食麵人」，此外，拿坡里很早就引進義大利麵製造機，這對拿坡里義大利麵的普及，也做出極大貢獻。

到了近代，一般認為由於經濟危機和貧困化的影響，義大利麵的消費量反而減少了，但各個地方各自發展的義大利麵，在義大利完成政治上的國家統一（一八六一年）後，擔任了飲食、料理方面的國家統一主要要素（阿圖西）。接著在二十世紀前半，也出現了反義大利麵活動，主張義大利麵對身心健康有害、阻礙國家發展之類。但義大利麵克服這種批評，在第二次世界大戰後，成為真正的國民食物，根植於義大利的飲食生活中。

話說回來，雖然這個世界很大，但要在其他地方找到像義大利的義大利麵這樣，和這個民族、國民的歷史一起前進，最後和其歷史合為一體的料理和食材，幾乎是前所未見的。

日本的米飯當然也是從古代就一直支撐著日本人生活的食材，但只是這樣，不能稱為精湛料理，而且沒有像義大利麵那樣，和其不平靜的歷史牽扯在一起。韓國朝鮮的泡菜是這種情況嗎？在與民族不可分割這點來看，或許是一樣的，但其實平常會用到辣椒的泡菜，是最近才誕生的產物，換句話說，是二十世紀之後才開始普及的食物，將此抬舉到民族之魂那種程度，只不過是近代的意識形態。至於中國料理，似乎也和民族歷史有密切關聯，但中國料理種類繁多，無法聚焦於某種特定食材與料理之內。能作為對手的，只有印度咖哩而已。

所以，義大利麵和義大利歷史之間深沉長遠、複雜的接觸關係，在世界上也是絕無僅有。而且義大利麵現在已經從義大利飛往全世界，受到每個國家的喜愛。沒有食物像義大利麵這樣在全世界普及，擁有許多愛好者。即使政治和文化與義大利都毫無共通之處的地方，大家也會吃義大利麵。沒錯，義大利麵從義大利歷史的主角，變成了世界史的主角。

地中海式飲食

一九六〇年代以來，尤其是一九八〇年代之後，「地中海式飲食」大受歡迎。最近為了預防隨現代社會而來的生活習慣病，大家提到「地中海式飲食」功效的次數也愈來愈多。全世界認真的科學家，也正著手調查這種飲食的功效。

地中海式飲食的特徵，是從植物攝取能源的優勢部分。尤其是來自穀物及其製品，也就是以麵包、義大利麵和波倫塔為主，並搭配豐富的蔬菜、豆類、水果和植物油。肉類並沒有被排除在外，但是需求的相對位置降低了。

這種地中海式飲食讓世人更加瞭解義大利料理對健康的貢獻，是因為美國的羅賽托（Roseto）案例引起很大的反響。案例中的人們居住在賓州村落的一個小社區，大家都來自義大利普利亞的羅塞托瓦爾福爾托雷（Roseto Valfortore）這個村落。他們在美國定居已經橫跨三個世代以上，也都遵守著故鄉的飲食生活習慣。

奧克拉荷馬大學的研究團隊針對這個村落進行調查。發現廣泛侵襲周遭居民的疾病中，羅賽托村民特別能逃離心臟病的魔掌（到一九六〇年代為止）。在該地也有許多九十歲~九十五歲的老人，雖然大家都很胖，但身體健康，不需要看醫生。出現這種情形的原因是什麼？雖然大家提出很多假說，但一貫的說明就是只能從飲食習慣中去找答案。紅酒、長條麵、青椒、以及利用橄欖油烹調食物，這就是羅賽托居民的基本食譜。

然而，一九六〇年代之後，這個村落中的年輕世代捨棄了父母、祖父母的飲食習慣，開始享用美式飲食。結果人們立刻罹患動脈方面的疾病，進一步證實了義大利傳統料理的功效。

慢食運動中的義大利麵

以義大利傳統料理為首，保護世界各國優秀飲食傳統的運動，就是「慢食運動」。首先，一九八三年，以保護義大利傳統葡萄酒和飲食為目的，設立了最初的協會「Arcigola」，該協會在一九八六年變成慢食協會。一九八九年十二月，十五個國家的代表聚於巴黎，簽署並發表了《慢食宣言》，從而使慢食發展成國際運動。

慢食國際協會會長卡羅．佩屈尼（Carlo Petrini）提出慢食運動的三個原則，分別是「優質、乾淨、公平」。同時主張：「如果每天都煩惱要吃什麼的問題而沒有重新出發，沒有針對地球的未來、環境均衡和氣候變動提出應對措施，沒有以擺脫經濟危機為確定方針的可持續性飲食系統，也就沒有未來跟幸福可言。」

所以，慢食運動從二〇〇四年開始，就由「大地母親」（Terra Madre）這個世界生產者會議開始擔任中心角色。大地母親的核心觀點，是將農民、漁夫、遊牧民族和小規模生產的工匠這些製造優質、乾淨且公平食物的人，與物流相關人員，從全世界聚集在一處。讓絕對沒有相遇機會的人碰面，一起討論日常問題。大地母親的主張是：「蔬菜、穀類和家畜等該地植物和動物必須多樣化，就算要花費成本，也必須保護該地的鄉土料理和特產。」

這兩百年來在全世界進行的工業化，以發展的名義提升了北半球居民的生活品質，但過度工業化也帶來很多弊端。在全球化的後工業化社會，跨國企業控制了農業的形態，逐漸成為以技術優先、單一趨向、出口為目的的組織，而慢食運動所譴責並力圖改善的，就是這種農業形態。

我們所研究的義大利麵，雖然是只要有麵就能輕鬆製作、食用的一種速食食品，但也是必須立足於慢食運動中心的食物。就如同已說明過好幾次的情況一樣，因為義大利麵就是在與自然、文化產生歷史連結的狀態下，才誕生發展出來的。另一個理由是，因為科學上已經證實這個食物的功效。義大利麵和其他食材也很速配，能輕鬆達到營養均衡的效果，同時還能獲得飽足感。吃下義大利麵後，當中的澱粉會因為消化酵素「澱粉酶」的作用，分解為葡萄糖，在腸胃被吸收。血糖值雖然會上升，但比起攝取葡萄糖時，要花更久的時間消化，所以能提供長時間的能量，而且不會過度刺激胰臟分泌胰島素，可以預防肥胖和糖尿病。

義大利麵的活躍舞台，從義大利史飛躍到世界史，進入第二個舞台。義大利麵已經不只是義大利人的食物，是屬於全世界的食物。這個食物在今後會和怎樣的世界史發展產生交集、進化？大家可以帶著雀躍的心情好好關注這個轉變。

身為一名歷史學家，我的願望就是希望大家能確實回顧世界過去的歷史，藉由回顧歷史更加瞭解現在的各種問題，以此作為未來的方針。如果能透過本書讓大家知道，像義大利麵這種和我們很親密的微小之物，經常和偉大的歷史動向有所連結，而且還能引發大家對歷史的興趣，我將深感榮幸。

結語

在義大利史中，幾乎沒有一本書賦予義大利麵正確的定位。以義大利麵為主題的食譜書和美食書多不勝數，而關於義大利麵歷史或義大利飲食文化歷史的書，姑且不論內容的正確性和詳細度，現在要去找也沒有那麼困難。然而，將義大利麵和義大利史——結合政治、經濟、社會、文化、宗教等內容，緊扣這些綜合歷史搭配研究的書籍，目前為止應該還沒出現吧。編輯向我提出這種貪心的要求：「希望讓國高中生享受義大利麵的魅力故事，同時也希望大家能確實學習義大利史的基本脈絡。」

對於這樣的要求，我能夠回應到什麼程度？老實說，一開始我非常擔心。但在寫作過程中，我慢慢發現義大利麵和義大利史之間不可分割的關係，這也令我深感驚訝，最後便奇妙地領會出：「歷史真的很有趣！」這個道理。

編寫本書時，我參考了許多義大利文書籍，在此僅列舉日文參考文獻：

・池上俊一『世界の食文化15　イタリア』農山漁村文化協会、二〇〇三年

・石毛直道『麵の文化史』講談社学術文庫、二〇〇六年
・内田洋子、S・ピエールサンティ『トマトとイタリア人』文春新書、二〇〇三年
・大塚滋『パンと麵と日本人――小麦からの贈りもの』集英社、一九九七年
・大矢復『パスタの迷宮』洋泉社（新書y）、二〇〇二年
・奥村彪生『日本のめん類の歴史と文化』美作大学、二〇〇九年
・アルベルト・カパッティ、マッシモ・モンタナーリ（柴野均訳）『食のイタリア文化史』岩波書店、二〇一一年
・レーモン・カルヴェル（山本直文訳）『パン』白水社（文庫クセジュ）、一九六五年
・北原敦編『新版　世界各国史15　イタリア史』山川出版社、二〇〇八年
・北村暁夫『千のイタリア――多様と豊穣の近代』NHK出版、二〇一〇年
・カルロ・ペトリーニ（石田雅芳訳）『スローフードの奇跡――おいしい、きれい、ただしい』三修社、二〇〇九年
・森田鉄郎、重岡保郎『世界現代史22　イタリア現代史』山川出版社、一九九七

年

・マルコ・モリナーリ編（菅野麻子訳）『パスタ万歳！』リベルタ出版、一九九九年

本書是我繼《世界的飲食文化15　義大利》（世界の食文化15　イタリア），和由我負責監修的安東尼・羅利（Anthony Rowley）的《美食的歷史》（美食の歴史）後，出版的第三本有關飲食文化的書籍。此外，在此先提醒大家一件事，本書和《世界的飲食文化15　義大利》一書有部分內容重複。

「關於義大利的飲食文化，已經有馬西摩・蒙他那利（Massimo Montanari）這位義大利優秀研究者了，所以你不用去做這個。不如好好去研究中世紀的聲境歷史吧。」我的法國恩師雅克・勒高夫（Jacques Le Goff）曾對我說過這段話。我仔細思考恩師的教誨，也打算如此嘗試，但和飲食文化有關的工作真的很有趣，所以我一收到編輯的委託，就忍不住接下工作。雖然想以本書作結，但我還想完成另一本書再作結束，那就是很久以前就在醞釀，匯集了中世紀飲食奇想的《幻想的餐桌》（幻想の食卓）。

攝影家大村次鄉先生為我開啟了本書的寫作契機。我衷心期盼本書能作為同是岩波

Junior新書出版，由辛島昇書寫和大村次郷拍攝的《彩色版　印度——咖哩紀行》（カラー版　インド・カレー紀行）的姊妹書，成為大家喜愛的書籍。此外，因為第一次挑戰這種以青少年為主的書系，實在令人不知所措，向我親自傳授寫作技巧的，就是岩波書店編輯部的朝倉玲子小姐。她告訴我如何辨別必須增加說明和刪除的內容，協助我將本書修改得更容易理解，真的幫了很大的忙。如果沒有這兩位的幫助，本書應該無法問世，我真的衷心感謝他們。

有生以來，幾乎很少有令人滿心歡喜、內心激動之事，一路走來的人生也是平靜無波，但在日本，甚至全世界都籠罩在沉悶氣氛的最近，我也覺得更加缺乏幹勁。

在本書完成之際，我想向各位讀者和自己大聲呼喊：

「來吃義大利麵吧！打起精神吧！」

池上俊一

1831	馬志尼組成「青年義大利黨」
1849	法蘭西軍隊占據羅馬共和國
1861	義大利王國成立。薩丁尼亞的維克多．伊曼紐2世成為第一代國王
1870～866年	統一威內托後，又接著統一拉齊奧。隔年羅馬成為首都
1880年代～	南義開始出現美國大移民風潮
1891	**培雷古利諾．阿圖西出版《料理的科學和吃得好的藝術》**
1915	廢除三國同盟，加入協約國參加第一次世界大戰
1922	法西斯主義黨的墨索里尼成立內閣
1930	**馬里內蒂發表「未來主義料理宣言」**
1935	義大利軍隊開始侵略衣索比亞
1940	參加第二次世界大戰
1943	和盟軍簽訂休戰協定。德國軍隊統治拿坡里以北，終戰結束前持續和盟軍打仗的狀態
1946	透過國民投票廢止君主政體，成立義大利共和政體
1951	簽訂歐洲煤鋼共同體（後來的歐盟）條約

15世紀中期	**科莫的馬蒂諾廚師在《烹飪的藝術》一書中介紹三種義大利麵食譜**
1492	哥倫布發現新大陸
1494	法蘭西國王查理8世（Charles VIII）遠征義大利。義大利戰爭開始（～1559）
1506	聖彼得大教堂開始改建（1626完工）。由拉斐爾、米開朗基羅和貝尼尼等代表文藝復興、巴洛克時期的藝術家一起合作
1532	佛羅倫斯從共和制改為君主制
1554	**番茄傳入義大利**
1559	由西班牙哈布斯堡家族統治義大利大部分領土（卡托一康布雷齊和約）
16世紀中期～17世紀	**在各地都市成立義大利麵產業工會**
1570	**巴托洛梅歐．斯卡皮的著作《Opera》中，記載了許多義大利麵食譜**
1584	**埃斯特家族的餐桌出現南瓜餛飩**
16世紀末期	**機器式攪拌機和壓製機登場**
17世紀初期	**喬瓦尼．德魯．拓克推薦「彈牙」的口感**
1647	拿坡里發生馬沙尼埃羅叛亂
17世紀後半～17世紀末期	**「細麵條」（長條麵）開始在拿坡里普及** **拿坡里的安東尼歐．拉丁尼研發出茄汁**
1786	歌德進行第一次義大利旅行（～1788。《義大利遊記》於1816、1817出版）
1796	拿破崙占領北義大部分土地，建立數個共和國
1814	拿破崙下台後，開始瓜分教宗國、各個公國、薩丁尼亞王國、兩西西里王國

800	教宗李奧3世（Leo III）加冕法蘭克王國卡爾大帝為西羅馬帝國皇帝
870	根據墨爾森條約（Treaty of Meerssen），將法蘭克王國分成三個部分
902	伊斯蘭阿格拉布王朝統治整個西西里島
962	德意志國王奧圖1世經由加冕，成為包含義大利在內的神聖羅馬帝國皇帝
1075	教宗額我略7世和皇帝亨利4世展開敘任權鬥爭
1096左右	在波隆那成立自治體
1130	西西里伯爵魯傑羅2世建立兩西西里王國（諾曼王朝）
12世紀左右	三圃制耕作方法開始在義大利普及
1154左右	**阿拉伯地理學者伊德里西提出巴勒摩近郊有乾燥麵產業的報告**
1167	組成倫巴底同盟，以對抗神聖羅馬皇帝的歸爾甫黨為中心
1187	拜占庭皇帝賦予威尼斯特權
1215	佛羅倫斯的歸爾甫黨和吉伯林黨開始對立
1279	**於熱那亞製作的財產目錄中，有「裝滿通心粉的木箱」之記錄**
13世紀末期	**薩林培內．德．亞當在其著作《編年史》中描述了各種義大利麵**
13世紀末期～14世紀初期	**拿坡里的《料理之書》中，出現以滾水煮熟再烹調的千層麵等麵食**
1347～49	黑死病大流行，各地出現大量死者
1353	**薄伽丘完成《十日談》。書中第8天第3話出現「烏托邦國度」**
1442	西班牙亞拉岡國王阿方索5世攻占拿坡里王國

義大利史年表

（粗體字是與義大利麵有關的年表）

前9000～7000	**美索不達米亞開始種植小麥**
前800	希臘開始在西西里和半島南部建設殖民城邦
前753	傳說中的羅穆勒斯（Romulus）建立羅馬帝國
前7世紀末期	伊特拉斯坎人統治羅馬（～前6世紀末期）
前509	成立羅馬共和政體
前264	羅馬開始展開三次布匿克戰爭（～前146）。在海外擴展領土
前46	尤利烏斯・凱撒（Julius Caesar）擔任獨裁官
前27	奧古斯都成為第一個羅馬皇帝
117	在圖拉真皇帝（Trajan）的統治下，羅馬帝國的版圖擴張到最大
303	對基督教教徒開始最後一次大迫害
313	君士坦丁大帝（Constantinus）承認基督教
4世紀末期	**集結整理了以阿比修斯（Apicius）之名流傳下來的《料理書》。當中收錄了與千層麵相似的食譜**
410	西哥德族掠奪羅馬
476	日耳曼人傭兵隊長奧多亞塞掠奪羅馬，西羅馬帝國滅亡
493	東哥德狄奧多里克大帝謀殺奧多亞塞，在義大利建立東哥德王國
535	拜占庭軍隊登陸西西里，於隔年占領羅馬
568	倫巴底人入侵義大利，建立倫巴底王國
756	法蘭克國王矮子丕平，將從倫巴底國王手中奪來的舊拜占庭領土捐贈給教宗

國家圖書館出版品預行編目資料

吃出來的義大利史：推動義大利千年歷史的義大利麵/ 池上俊一著；邱顯惠譯. -- 初版. -- 新北市：世潮, 2020.04
面；　公分. -- (閱讀世界；29)
譯自：パスタでたどるイタリア史
ISBN 978-986-259-067-6(平裝)

1.飲食風俗　2.麵　3.歷史　4.義大利

538.7　　109001913

閱讀世界29

吃出來的義大利史：推動義大利千年歷史的義大利麵

作　　者／池上俊一
審 訂 者／邱德亮
譯　　者／邱顯惠
主　　編／楊鈺儀
責任編輯／李芸
封面設計／Chun-Rou Wang
封面圖片／Icon made by Freepik from www.flaticon.com
出 版 者／世潮出版有限公司
地　　址／(231)新北市新店區民生路19號5樓
電　　話／(02)2218-3277
傳　　真／(02)2218-3239（訂書專線）、(02)2218-7539
劃撥帳號／17528093
戶　　名／世潮出版有限公司
世茂網站／www.coolbooks.com.tw
排版製版／辰皓國際出版製作有限公司
印　　刷／傳興彩色印刷有限公司
初版一刷／2020年4月
　　二刷／2020年6月

ＩＳＢＮ／978-986-259-067-6
定　　價／350元